元脱脱等撰

宋史

第一〇册

卷一三〇至卷一四二（志）

中華書局

宋史卷一百三十

志第八十三

樂五

高宗南渡，經營多難，其於稽古飾治之事，時靡遑暇。建炎元年，首詔有司曰：「朕承祖宗遺澤，獲託臣民之上，扶顚持危，夙夜痛悼。況於聞樂以自爲樂，實增感于朕心。」二年，復下詔曰：「朕方日極憂念，屏遠聲樂，不令過耳。承平典故，雖實廢名存，亦所不忍，悉從減罷。」是歲，始據光武舊禮，以建武二載創立郊祀，乃十一月壬寅祀天配祖，敕東京起奉大樂登歌法物等赴行在所，就維揚江都築壇行事。凡鹵簿、樂舞之類，率多未備，嚴更警場，至就取中軍金鼓，權一時之用。

紹興元年，始饗明堂。時初駐會稽，而渡江舊樂復皆燬散。太常卿蘇遲等言：「國朝大禮作樂，依儀合於壇殿上設登歌，壇殿下設宮架。今親祠登歌樂器尙闕，宣和添用簫色，未及頌降，州郡無從可以創製，宜權用望祭禮例，止設登歌，用樂工四十有七人。」乃訪舊工，以備其數。

四年，再饗，國子丞王普言：「按書舜典命夔曰：『詩言志，歌永言，聲依永，律和聲。』蓋古者既作詩，從而歌之，然後以聲律協和而成曲。自歷代至于本朝，雅樂皆先製樂章而後成譜。崇寧以後，乃先製譜，後命詞，於是詞律不相諧協，且與俗樂無異。乞復用古製。又按周禮，奏黃鍾，歌大呂以祀天神。黃鍾，堂下之樂；大呂，堂上之樂也。郊祀之禮，皇帝版位在午階下，故還位之樂當奏黃鍾；明堂版位在阼階上，則還位當歌大呂。今明堂禮不下堂，而襲郊祀還位例，並奏黃鍾之樂，於義未當。」尋皆如普議。

先是，帝嘗以時難備物，禮有從宜，敕戒有司參酌損益，務崇簡儉。仍權依元年例，令登歌通作宮架，其押樂、舉麾官及樂工器服等，蠲省甚多。既而國步漸安，始以保境息民爲務，而禮樂之事寖以興矣。

十年，太常卿蘇攜言：「將來明堂行禮，除登歌大樂已備，見闕宮架、樂舞，諸路州軍先有頒降登歌大樂，乞行搜訪應用。」丞周執羔言：「大樂兼用文武二舞，今殿前司將下任道，係前大晟府二舞色長，深知舞儀，宜令赴寺教習。」卿陳桷言：「前期五使，例合按閱，仍詔應侍祠執事朝臣，並作樂教習。」禮儀博士周林復言：「神位席地陳設，至尊親行酌獻，堂上下皆地坐作樂，而鍾磬工乃設木小榻，當教習日，使立以考擊，庶革循習簡陋之弊。」

初，上居諒闇，臣僚有請罷明堂行禮奏樂、受胙等事，上諭禮官詳定。太常寺檢照景德、熙豐親郊典故，除郊廟、景靈宮並合用樂，其鹵簿、鼓吹及樓前宮架、諸軍音樂，皆備而不作。每處警場，止鳴金鉦、鼓角而已，卽無去奏樂、受胙之文。大饗爲民祈福，爲上帝、宗廟而作樂，禮不敢以卑廢尊。書「斂五福，錫庶民」，況熙寧禮尤可考，其赦文有曰「六樂備舞，祥祉來臻」，是也。於是詔遵行之。

其後，禮部侍郎施坰奏：「禮經蕃樂出於荒政，蓋一時以示貶抑。昨內外暫止用樂，今徽考大事既畢，慈寧又已就養，其時節上壽，理宜舉樂，一如舊制。」禮部尋言：「太母還宮，國家大慶，四方來賀。自今冬至、元正舉行朝賀之禮，依國朝故事，合設大仗及用樂舞等，庶幾明天子之尊，舊典不至廢墜。」有詔，俟來年舉行。

十有三年，郊祀，詔以祐陵深弓劍之藏，長樂逐晨昏之養，昭答神天，就臨安行在所修建圓壇。於是有司言：「大禮排設備樂，宮架樂辦一料外，登歌樂依在京夏祭例，合用兩料。其樂器，登歌則用編鍾、磬各一架；柷、敔二；搏拊、鼓二；琴五色，自一、三、五、七至九絃各二〔二〕；瑟四；篴四；塤、篪、簫並二；巢笙、和笙各四；抃七星、九曜、閏餘匏笙各一；麾幡一。宮架則用編鍾、編磬各十二架；柷、敔二；琴五色，各十；瑟二十六；巢笙及簫並一十四；七星、九曜、閏餘匏笙各一；竽笙十；塤一十二；篪一十八；簫二十；晉鼓一；建鼓四；麾幡一。」乃從太常下之兩浙、江南、福建州郡，又下之廣東西、荆湖南北，括取舊管大樂，上于行都，有闕則下軍器所製造，增修雅飾，而樂器寖備矣。其樂工，詔依太常寺所請，選擇行止畏謹之人，合登歌、宮架凡用四百四十人，同日分詣太社、太稷、九宮貴神。每祭各用樂正二人，執色樂工、掌事、掌器三十六人，三祭共一百一十四人。文舞、武舞計用一百二十八人，就以文舞番充。其二舞引頭二十四人，皆召募補之。樂工、舞師照在京例，分三等廩給。其樂正、掌事、掌器，自六月一日教習；引舞、色長、文武舞頭、舞師及諸樂工等，自八月一日教習。於是樂工漸集。

十四年，太常寺言：「將來大禮，見闕玉磬十六枚。其所定聲律，係於玉分厚薄，取聲高下。正聲凡十有二，黃鍾厚八分，進而爲大呂、太簇、夾鍾、姑洗、仲呂、蕤賓、林鍾、夷則、南呂、無射、應鍾，每律增一分，至應鍾一寸九分而止；清聲夾鍾厚二寸三分，退而爲太簇、大呂、黃鍾，共四清聲，各減一分，至黃鍾二寸而止。」乃下之四川茶馬司，寬數增分，市易以供用。太常博士張晟又言：「大樂所用武舞之飾，以干配刀，周禮司兵『祭祀，授舞者兵』，先儒謂『授以朱干、玉戚』，郊特牲『朱干、玉戚，冕而舞大武』。」乃從所請，倣三禮圖，令造玉戚，以配舞干。

是歲，始上徽宗徽號，特製顯安之樂。至於奉皇太后册寶于慈寧宮，樂用聖安；皇后受册寶于穆清殿，樂用坤安：亦皆先後參次而舉。顯安以無射、夾鍾爲宮，周大司樂饗先王，奏無射而歌夾鍾，「夾鍾之六五，上生無射之上九。夾鍾，卯之氣，二月建焉，而辰在降婁；無射，戌之氣，九月建焉，而辰在大火。」無射，陽律之終，夾鍾實爲之合，蓋取其相親合而萃祖考之精神于假廟也。聖安純用大呂，坤安純用中呂。大呂，陰律之首，崇母儀也；中呂，陰律之次，明婦順也。

明年，正旦朝會，始陳樂舞，公卿奉觴獻壽。據元豐朝會樂：第一爵，登歌奏和安之曲，堂上之樂隨歌而發；第二爵，笙入，乃奏瑞曲，惟吹笙而餘樂不作；第三爵，奏瑞曲，堂上歌，堂下笙，一歌一吹相間；第四爵，合樂仍奏瑞曲，而上下之樂交作。今悉倣舊典，首奏和安，次奏嘉木成文、滄海澄清、瑞粟呈祥三曲，其樂專以太簇爲宮。太簇之律，生氣湊達萬物，於三統爲人正，於四時爲孟春，故元會用之。

時給事中段拂等討論景鍾制度，按大晟樂書：「黄鍾者，樂所自出，而景鍾又黄鍾之本，故爲樂之祖，惟天子郊祀上帝則用之，自齋宮詣壇則擊之，以召至陽之氣。既至，聲闋，衆樂乃作。祀事既畢，升輦又擊之。蓋天者，羣物之祖，今以樂之祖感之，則天之百神可得而禮。音韻清越，拱以九龍，立于宮架之中，以爲君圍；環以四清聲鍾、磬、鎛鍾、特磬，以爲臣圍；編鍾、編磬以爲民圍。內設寶鍾球玉，外爲龍虡鳳琴。景鍾之高九尺，其數九九，實高八尺一寸。垂則爲鍾，仰則爲鼎。鼎之大，中於九斛，退藏實八斛有一焉。」內出皇祐大樂中黍尺，參以太常舊藏黃鍾律編鍾，高適九寸，正相脗合，遂遵用黍尺製造。

鍾成，命左僕射秦檜爲之銘。其文曰：「皇宋紹興十六年，中興天子以好生大德，旣定寰宇，乃作樂以暢天地之化，以和神人。維茲景鍾，首出衆樂，天子專用禋祀，謹拜手稽首而獻銘。其銘曰：『德純懿兮舜、文繼。躋壽域兮孰內外？薦上帝兮偉茲器。聲氣應兮同久視。貽子孫兮彌萬世。』」旋又命禮局造鎛鍾四十有八、編磬一百八十七、特磬四十八及添製編鍾等，命軍器所造建鼓八、雷鼓二、晉鼓一、雷鼗二、柷敔各四。尋製金鍾、玉磬二架。

初，元豐本虞庭鳴球及晉賀循采玉造磬之義，命榮咨道肇造玉磬。元祐親祠，嘗一用之，久藏樂府。至政和加以磨礲，俾協音律，并造金鍾，專用於明堂。蓋堂上之樂，歌鍾居左，歌磬居右。金玉稟氣於乾，純精至貴，故鍾必以金，磬必以玉，始備金聲玉振之全，此中興所以繼作也。於是帝諭輔臣，以鍾磬音律，其餘皆和，惟黃鍾、大呂猶未應律，宜熟加攷究。詔禮官以鑄造鎛鍾，更須詳審，令聲和而律應，乃可奉祀。命太常前期按閱，仍用皇祐進呈雅樂禮例。皇帝御射殿，召宰執、侍從、臺諫、寺監、館閣及武臣刺史以上，閱視新造景鍾及禮器。皇帝卽御坐，撞景鍾，用正旦朝會三曲，奏宮架之樂，其製造官推恩有差。添置景鍾樂正一、鎛鍾樂工十有二，特磬樂工亦如之。次降下古制銅錞一，增造其二；古銅鐃一，增造其六。改造登歌夷則律玉磬，降到長篴二十有四，並付太常寺掌之，專俟大禮施用。

既而刑部郎官許興古奏：「比歲休祥協應，靈芝產於廟楹，瑞麥秀於留都。昔乾德六年，嘗詔和峴作瑞木、馴象及玉烏、皓雀四瑞樂章，以備登歌。願依典故，製爲樂章，登諸郊廟。」詔從其請，命學士沈虛中作歌曲，以薦于太廟、圜丘、明堂。尋又內出御製郊祀大禮天地、宗廟樂章，及詔宰執、學士院、兩省官刪修郊祀大禮樂章，付太常肄習。

天子親祀南郊，圜鍾爲宮，三奏，樂凡六成，歌景安，用文德武功之舞；饗明堂，夾鍾爲宮，三奏，樂凡九成，歌誠安，用佑文化俗、威功睿德之舞。前二日，朝獻景靈宮，圜鍾爲宮，三奏，凡六成，所奏樂與南郊同，歌興安，用發祥流慶、降眞觀德之舞。前一日，朝饗太廟，黃鍾爲宮，三奏，樂凡九成，歌興安，所用文武二舞與南郊同。僖祖廟用基命之樂舞，翼祖廟用大順之樂舞，宣祖廟用天元之樂舞，太祖廟用皇武之樂舞，太宗廟用大定之樂舞。眞宗、仁宗廟樂舞曰熙文、曰美成，英宗、神宗廟樂舞曰治隆、曰大明，哲宗、徽宗、欽宗廟樂舞曰重光、曰承元、曰端慶，皆以無射宮奏之。

每歲祀昊天上帝者凡四：正月上辛祈穀，孟夏雩祀，季秋饗明堂，冬至祀圜丘是也。圜鍾爲宮，樂奏六成，與南郊同，乃用景安之歌、帝臨嘉至神娭錫羡之舞。祀地祇者二〔三〕：夏至祀皇地祇，樂奏八成，乃用寧安之歌、儲靈錫慶嚴恭將事之舞；立冬後祀神州地祇，樂奏八成，歌寧安，與祀皇地祇同名而異曲，用廣生儲祐、厚載凝福之舞〔三〕。孟春上辛祀感生帝，其歌大安，其樂舞則與歲祀昊天同。三年一祫及時饗太廟，九成之樂、興安之歌，與大禮前事朝饗同，而用孝熙昭德、禮洽儲祥之舞。太社、太稷用寧安，八成之樂，與歲祀地祇同。至於親製贊宣聖及七十二弟子，以廣崇儒右文之聲；親視學，行酌獻，定釋奠爲大祀，用凝安，九成之樂。郡邑行事，則樂止三成。他如親饗先農、親祀高禖，則做壇壝、奏樂舞，按習於同文館、法惠寺。親耕籍田，則據宣和舊制，陳設大樂〔四〕，而引呈耒耜、護衞耕根車、儀仗鼓吹至以二千人爲率。先農樂用靜安；高禖樂用景安；皇帝親行三推禮，樂用乾安。其補苴軼典、蒐講彌文者至矣。先朝凡雅樂皆以「安」名，中興一遵用之。

南郊樂，其宮圜鍾；明堂樂，其宮夾鍾。圜鍾卽夾鍾也。夾鍾生於房、心之氣，實爲天帝之堂，故爲天宮。祭地祇，其宮函鍾，卽林鍾也。林鍾生於未之氣，未爲坤位，而天社、地神實在東井、輿鬼〔五〕之外，故爲地宮。饗宗廟，其宮用黃鍾。黃鍾生於虛、危之氣，虛、危爲宗廟，故爲人宮。此三者，各用其聲類求之。然天宮取律之相次：圜鍾爲陰聲第五，陰將極而陽生，故取黃鍾爲角。黃鍾，陽聲之首也。太簇，陽聲之第二，故太簇爲徵。姑洗，陽聲之第三，故姑洗爲羽。天道有自然之秩序，乃取其相次者以爲聲。地宮取律之相生：函鍾上生太簇，故太簇爲角；太簇下生南呂，南呂上生姑洗，故南呂爲徵，姑洗爲羽。地道資生而不窮，乃取其相生者以爲聲。人宮取律之相合：黃鍾子，大呂丑，故黃鍾爲宮、大呂爲角，子合丑也；太簇寅，應鍾亥，故太簇爲徵、應鍾爲羽，寅合亥也。人道以合而相親，乃取其合者以爲聲。周之降天神、出地示、禮人鬼，樂之綱要實在於此。獨商聲置而不用，蓋商聲剛而主殺，實鬼神之所畏也。樂奏六成者，卽倣周之六變，八成、九成亦如之。

文武二舞皆用八佾。國初，始改崇德之舞曰文德，改象成之舞曰武功。其發祥流慶、降眞觀德則祥符所製，以薦獻聖祖；其佑文化俗、威功睿德則皇祐所製，以奉明禋。其祀帝，有司行事，以帝臨嘉至、神娭錫羨，與夫獻太廟以孝熙昭德、禮洽儲祥，則製於元豐。其廣生儲祐、厚載凝福以祀方澤，則製於宣和。至紹興祀皇地祇，易以儲靈錫慶、嚴恭將事，而用宣和所製舞以分祀神州地祇，轉相緝熙，樂舞寖備。至中興而賡續裁定，實集其成。中祀而下，多有樂而無舞，則在禮「凡小祭祀不興舞」之義也。

紹興三十一年，有詔：「教坊日下蠲罷，各令自便。」蓋建炎以來，畏天敬祖，虔恭祀事，雖禮樂煥然一新，然其始終常以天下爲憂，而未嘗以位爲樂，有足稱者。

孝宗初踐大位，立班設仗于紫宸殿，備陳雅樂。禮官尋請車駕親行朝饗，用登歌、金玉大樂及綵繪宮架、樂舞；仗內鼓吹，以欽宗喪制不用。迨安穆皇后祔廟，禮部侍郎黃中首言：「國朝故事，神主升祔，係用鼓吹導引，前至太廟，乃用樂舞行事。宗廟薦享雖可用樂，鼓吹施於道路，情所未安，請備而不作。」續下給、舍詳議，謂：「薦享宗廟，爲祖宗也，故以大包小，則別廟不嫌於用樂。今祔廟之禮爲安穆而行，豈可與薦享同日語？將來祔禮，謁祖宗諸室，當用樂舞；至別廟奉安，宜停而不用。蓋用樂於前殿，是不以欽宗而廢祖宗之禮；停樂於別廟，是安穆爲欽宗喪禮而屈也。如此，則於禮順，於義允。」遂俞其請。既而右正言周操上言：「祖宗前殿，尊無二上，其於用樂，無復有嫌。然用之享廟行禮之日則可，而用於今日之祔則不可。蓋祔禮爲安穆而設，則其所用樂是爲安穆而用，雖曰停於別廟，而爲祔后用樂之名猶在也。孰若前後殿樂俱不作爲無可議哉？」詔從之。

隆興元年天申節，率羣臣詣德壽宮上壽，議者以欽宗服除，當舉樂。事下禮曹，黃中復奏曰：「臣事君，猶子事父也。春秋，賊未討，不書葬，以明臣子之責。況欽宗實未葬，而可遽作樂乎？」事遂寢。

乾道改元，始郊見天地。太常洪适奏：「聖上踐阼，務崇乾德〔六〕，郊丘講禮，專以誠意交於神明。竊謂古今不相沿樂，金石八音不入俗耳，通國鮮習其藝，而聽之則倦且寐，獨以古樂嘗用之郊廟爾。昔者，竽工、鼓員不應經法，孔光、何武嘗奏罷於漢代，前史是之。今樂工爲數甚夥，其鹵簿六引、前後鼓吹，有司已奏明，詔三分減一，惟是肄習尙踰三月之淹。夫驅游手之人摐金擊石，安能盡中音律，使鳳儀而獸舞？而日給虛費，總爲緡錢，近二鉅萬。若從裁酌，用一月敎習，自可應聲合節，不至闕事。」於是詔郊祀樂工，令肄習一月。

太常寺復言：「郊祀合用節奏樂工、登歌宮架樂工、引舞舞工，其分詣社稷及別廟，並番輪應奉，更不添置。」尋以禮官裁減壇下宮架二百七人，省十之一；琴二十人，瑟十二人，各省其半；笙、簫、篴可省者十有八人；箎、塤可省者十人。其分詣給祠凡一百十四，止用八十人。鍾、磬凡四十八架，止設三十有二人，其宮架鍾、磬仍舊。排殿閒慢樂色〔七〕量省人數，悉報如章。

禮部郎官蕭國梁又言：「議禮者嘗援紹興指揮，時饗亞獻旣入太室，卽引終獻行事，雖便於有司侍祠，免至跛倚，而其流將至於簡。宗廟用之郊饗，尤爲非宜。蓋有獻必有樂，卒爵而後樂闋。今亞、終獻樂舞雖同，而其作有始，其成有終，不可亂也。若使之相繼行事，雜然於酌獻之間，則其爲樂舞者，不知亞獻之樂耶，終獻之樂耶？」詔從其請訂定。

淳熙六年，始舉明堂禋禮，命五使按雅樂幷嚴更、警場于貢院，奉詔將樂器依堂上、堂下儀制排設，五使及應赴官僚從旁立觀按閱，仍聽往來察視。時大禮使趙雄言：「前例，閱樂至皇帝詣飲福位一曲，卽五使以下皆立，而每閱奠玉幣及酌獻等樂，皆坐自如，於禮未盡，不當襲用前例。」故有是詔。

既而禮官討論，自紹興以來，凡五饗明堂，禮畢還輦，並未經用樂，卽無作樂節次可考。乃參酌禮例，成禮稱賀及肆赦用樂導駕，並用皇祐大饗典故施行。其南郊、明堂儀注，實述紹興成憲，又命有司兼酌元豐、大觀舊典，爲後世法程。其用樂作止之節，粲然可觀：

前三日，太常設登歌樂於壇上，稍南，北向，設宮架於壇南內壝之外，立舞表於酇綴之間。明堂登歌設於堂上前楹間〔八〕，宮架設於庭中。前一日，設協律郎位二：一於壇上樂虡西北，一於宮架西北。押樂官位二〔九〕：太常丞於登歌樂虡北，太常卿於宮架北。省牲之夕，押樂太常卿及丞入行樂架，協律郎展視樂器。

祀之日，樂正帥工人、二舞以次入。皇帝乘輿，自青城齋殿出，樂正撞景鍾，降輿入大次，景鍾止。明堂不用景鍾。服大裘袞冕，自正門入，協律郎跪，俯伏，舉麾，興。工鼓柷，宮架乾安之樂作，凡升降、行止皆奏之。明堂奏儀安。至午階版位，西向立，協律郎偃麾戛敔，樂止。明堂至阼階下，樂止。凡樂，皆協律郎舉麾而後作，偃麾而後止。禮儀使奏請行事，宮架作景安之樂。明堂作誠安。

文舞進，左丞相等升，詣神位前，樂作，六成止。皇帝執大圭再拜，內侍進御匜帨，宮架樂作，帨手畢，樂止。禮儀使前導升壇，宮架樂作，至壇下，樂止。升自午階，明堂並升自阼階。登歌樂作，至壇上，樂止。登歌嘉安之樂作，明堂至堂上作鎭安。奠鎭圭、奠玉幣于上帝，樂止。詣皇地祇、太祖、太宗神位前，如上儀。禮儀使導還版位，登歌樂作，降階，樂止。明堂降自阼階。宮架樂作，至版位，樂止。奉俎官入正門，宮架豐安之樂作，明堂作禧安。跪，奠俎訖，樂止。內侍以御匜帨進，宮架樂作，帨手拭爵，樂止。禮儀使導升壇，宮架樂作，至午階，樂止。升自午階，登歌樂作，至壇上，樂止。明堂無升壇。登歌禧安之樂作，明堂作慶安。詣神位前，三祭酒，少立，樂止。讀册，皇帝再拜。每詣神位並如之。禮儀使導還版位，登歌樂作，降階，樂止。宮架樂作，至版位，樂止。奏請還小次，宮架樂作，入小次，樂止。

武舞進，宮架正安之樂作，明堂作穆安。舞者立定，樂止。亞獻，升，詣酌奪所，西向立，宮架正安之樂作。明堂皇太子爲亞獻，作穆安。三祭酒，以次酌獻如上儀，樂止。終獻亦如之。奏請詣飲福位，宮架樂作，至午階，樂止。升自午階，登歌樂作，將至位，樂止。登歌禧安之樂作，明堂作胙安。飲福，禮畢，樂止。禮儀使導還版位，登歌樂作，降階，樂止。宮架樂作，至版位，樂止，明堂不降階。徹豆，登歌熙安之樂作，明堂作歆安。送神，宮架景安之樂作，一成止。明堂作誠安。詣望燎、望瘞位，宮架樂作，至位，樂止。明堂有燎無瘞。燎、瘞畢，還大次，宮架乾安之樂作，明堂作憇安。至大次，樂止。皇帝乘大輦出大次，樂正撞景鍾，明堂不用景鍾。鼓吹振作，降輦還齋殿，景鍾止。百官、宗室班賀于端誠殿，奏請聖駕進發，軍樂導引，至麗正門，大樂正令奏采茨之樂，入門，樂止。明堂就賀于紫宸殿，不奏采茨。

乃御麗正門肆赦。前期，太常設宮架樂于門之前，設鉦鼓于其西，皇帝升門至御閣，大樂正令撞黃鍾之鍾，右五鍾皆應，乾安之樂作，升御坐，樂止。金雞立，太常擊鼓，囚集，鼓聲止。宣制畢，大樂正令撞蕤賓之鍾，左五鍾皆應，皇帝還御幄，樂止。乘輦降門，作樂，導引至文德殿，降輦，樂止。

按大禮用樂，凡三十有四色：歌色一，篴色二，塤色三，篪色四，笙色五，簫色六，編鍾七，編磬八，鎛鍾九，特磬十，琴十一，瑟十二，柷、敔十三，搏拊十四，晉鼓十五，建鼓十六，鞞、應鼓十七，雷鼓祀天神用。十八，雷鼗鼓同上。一十九，靈鼓祭地祇用。二十，靈鼗鼓同上。二十一，露鼓〔10〕饗宗廟用。二十二，露鼗鼓同上。二十三，雅鼓二十四，相鼓二十五，單鼗鼓二十六，旌纛二十七，金鉦二十八，金錞二十九，單鐸三十，雙鐸三十一，鐃鐸三十二，奏坐三十三，麾幡三十四。此國樂之用尤大者，故具載于篇。

初，紹興崇建皇儲，詔有司備禮册命，然在欽宗恤制，未及製樂。乾道初元，詔立皇太子，命禮部、太常寺討論舊禮以聞。受册日，陳黃麾仗于大慶殿，設宮架樂于殿庭，皇帝升御坐，作乾安之樂，升，用黃鍾宮，降，用蕤賓宮。皇太子入殿門，作明安之樂，受册出殿門亦如之，皆用應鍾宮。至七年，易應鍾而奏以姑洗。古者，太子生則太師吹管以度其聲，觀所協之律。有虞典樂敎胄子，自天子之元子皆以樂爲教，所以養其性情之正，蕩滌邪穢，消融查滓而和順於道德，則陳金石雅奏，以重元良。册拜宜做古誼，式昭盛禮。繇唐季世，儲貳罕定，國家益多故而禮廢樂闕。至于建隆定樂，雖詔皇太子出入奏良安，至道始册皇太子，禮儀院有司言：「太子受册，宜奏正安之樂。」百年曠典，至是舉行，中外胥悅。至天禧册命，禮儀院復奏改正安之樂。乾道之用明安，實祖述天禧，而以姑洗爲宮，則唐東宮軒垂奏樂舊貫云。

孝宗素恭儉，每賀正使赴宴作樂，多遇上辛齋禁，有司條治平用樂典故以進。及生辰使上壽，適親郊散齋，樞密副使陳俊卿請以禮諭北使，毋用樂。不得已，則上壽之日設樂，而宣旨罷之，及宴使人，然後用之，庶存事天之誠。上可其奏。且曰：「宴殿雖進御酒，亦勿用。」宰相葉顒、魏杞方主用樂之議，以爲樂奏於紫宸，乃使客之禮。俊卿獨奏曰：「適奉詔旨，仰見聖學高明，過古帝王遠甚。彼初未嘗必欲用樂，而我乃望風希意，自爲失禮以徇之，他日輕侮，何所不至？」尋詔：「垂拱上壽止樂，正殿猶爲北使權用。」後三年，賀使當朝辭，復值散齋，上乃諭館伴以決意去樂及議所以處之者，如使人必以作樂爲言，則移茶酒就驛管領，遂有更不用樂之詔。

其後因雨澤愆期，分禱天地、宗廟，精修雩祀。按禮，大雩，帝用盛樂，而唐開元祈雨雩壇，謂之特祀，乃不以樂薦。於是太常朱時敏言：「通典載雩禮用舞僮歌雲漢，晉蔡謨議謂：『雲漢之詩，興於宣王，歌之者取其脩德禳災，以和陰陽之義。』乞用舞僮六十四人，衣玄衣，歌雲漢之詩。」詔亟從之。

淳熙二年，詔以上皇加上尊號，立春日行慶壽禮。有司尋言：「乾道加尊號，用宮架三十六，樂工共一百一十三人。今來加號慶壽，事體尤重，合依大禮例，用四十八架，樂正、樂工用一百八十八人，庶得禮樂明備。」仍令分就太常寺、貢院前五日教習。前期，太常設宮架之樂于大慶殿，協律郎位於宮架西北，東向；押樂太常卿位於宮架之北，北向；皇太子及文武百僚，並位於宮架之北，東西相向，又設宮架于德壽殿門外，協律郎、太常卿位如之。及發册寶日，儀仗、鼓吹列于大慶殿門，樂正、師二人以次入。贊者引押樂太常卿、協律郎入，就位，奏中嚴外辦訖，禮儀使奏請皇帝恭行發册寶之禮，太常卿導册寶，正安之樂作。中書令奉寶、侍中奉册進行，禮安之樂作。發寶册畢，鼓吹振作，儀衞等以次從行。皇帝自祥曦殿輦至德壽宮行禮，册寶入殿門，作正安之樂。上皇出宮，作乾安之樂；升御坐，奉上册寶，作聖安之樂；降御坐，作乾安之樂。太后册寶進行，用正安；出閤升坐，用坤安；降坐入閤，復作坤安之樂。禮部尙書趙雄等言：「國朝舊制，車駕出，奏樂。今慶典之行，亘古未有，自非禮儀詳備，無以副中外歡忭之心。請慶壽行禮日，聖駕往還並用樂及簪花。」詔從之。既而太常又言：「郊禋禮成，宜進胙慈闈，行上壽飲酒禮。所有上壽合辦仙樓仍用樂，其樂人照天申節禮例。」凡上詣德壽宮，或恭請上皇游幸，或至南內，或上皇命同宴游，或時序賞適、過宮侍宴，或聖節張樂、珥花、奉玉卮爲上皇壽，率從容竟日，隆養至樂，備極情文。及高宗之喪，孝宗力行三年之制，有司雖未嘗別設樂禁，而過期不忍聞樂。金使以會慶節來賀，稽之舊典，引對使人或許上壽，惟輟樂不舉。孝宗斷以禮典，卻其書幣，就館遣行。次年再至，始用紹興故事，移宴于館而不作樂。高宗升祔，太常言：「祔饗行禮，當設登歌、宮架、樂舞，晨祼饋食，其用樂如朝饗之制。」於是，高宗廟昉奏大德之樂舞。禮部言：「今虞祔之行，純用古禮，導引神主，自有衞仗及太常鼓吹，而雜用道、釋，於禮非經，乞行蠲免。」詔從其請。

既而大享明堂，起居舍人鄭僑奏：「祭祀於事爲大，禮樂於用爲急，然先王處此，有常變之不同，各務當其禮而已。昔舜居堯喪，三載遏密，後世既用漢文以日易月之文，又用漢儒越紼行事之制，循習既久，不特用禮而又用樂，去古愈遠。聖主躬服通喪，有司請舉大禮，屈意從之。且大饗之禮，祭天地也，聖主身親行之，行禮作樂，似不可廢。其他官分獻與夫先期奏告例用樂者，權宜蠲寢，不亦可乎？今若因明堂損益而裁定之，亦足爲將來法。」乃命太常討論，始詔除降神、奠玉幣、奉俎、酌獻、換舞、徹豆、送神依典禮作樂外，所有皇帝及獻官盥洗、登降等樂皆備而不作云。

校勘記

〔一〕自一三五七至九絃各二　「一」下原衍「二」字，據通考卷一三〇樂考刪。

〔二〕祀地祇者二　「二」字原脫，據通考卷一三〇樂考補。

〔三〕用廣生儲祐厚載凝福之舞　「用」字原脫，據通考卷一三〇樂考補。

〔四〕陳設大樂　「樂」原作「道」，據通考卷一三〇樂考改。

〔五〕輿鬼　原倒，據本書卷五一天文志、史記卷二七天官書、晉書卷一一天文志乙轉。

〔六〕務崇乾德　宋會要樂四之七作「務崇儉德」。

〔七〕排殿閒慢樂色　「閒」原作「門」，據通考卷一三〇樂考改。

〔八〕設於堂上前楹間　「楹」原作「景」，據通考卷一三〇樂考改。

〔九〕押樂官位二　「位」字原脫，據通考卷一三〇樂考補。

〔一〇〕露鼓　按本書卷一二六樂志，乾德四年大臣上言改作諸鼓和考擊之法，都作「路鼓」。周禮大司樂有路鼓、路鼗於宗廟中奏之。

宋史卷一百三十一

志第八十四

樂六

光宗受禪，崇上壽皇聖帝、壽成皇后暨壽聖皇太后尊號，壽皇樂用乾安，壽聖、壽成樂用坤安，三殿慶禮，在當時侈爲盛儀。尋以禮部、太常寺言：「國朝歲饗上帝，太祖肇造王業，則配冬饗于圜丘；太宗混一區宇，則春祈穀、夏大雩、秋明堂俱配焉。高宗身濟大業，功德茂盛，所宜奉侑，仰繼祖宗，以協先儒嚴祖之議，以彰文祖配天之烈。」乃季秋升侑于明堂，奠幣用宗安之樂，酌獻用德安之樂，並登歌作大呂宮。及加上高宗徽號，奉册寶以告，用顯安之樂。

紹熙元年，始行中宮册禮，發册于文德殿：皇帝升降御坐，用乾安之樂；持節展禮官出入殿門，用正安之樂。受册于穆淸殿：皇后出就褥位，用坤安；至位，用承安；受册寶，用咸安；受內外命婦賀，就坐，用和安；內命婦進行賀禮，用惠安；外命婦進行賀禮，用咸安；皇后降坐，用徽安；歸閤，用泰安；册寶人殿門，用宜安。宋初立后，自景祐始行册命之禮。元祐納后，典章彌盛，而六禮發制書日，樂備不作，惟皇后入宣德門，朝臣班迎，鳴鍾鼓而已。崇寧中，乃陳宮架，用女工，皇后升降行止，並以樂爲節。至紹興復製樂，以重褘翟，詔執色勿用女工，令太常止於門外設樂。隆興册禮時，則國樂未舉，淳熙始遵用之，而紹熙數賁舊典，於此特加詳備。紹興樂奏仲呂宮，仲呂爲陰；紹熙〔一〕樂奏太簇宮，太簇爲陽：用樂同而揆律異焉。

明年郊祀，太常耿秉奏：「致敬鬼神，以禮樂爲本，樂欲其備，音欲其和。今所用雷鼓之屬，正所以祀天致神，而皮革虛緩，聲不能振應；登歌、大樂樂器及樂舞工人冠服，有積歲久而損弊者，宜葺新之。太常在籍樂工，不給於役，召募百姓，罕能習熟。郊祀事重，其樂工親扈乘輿，和樂雅奏，期以接天地、享祖宗，請優其日廩，以籍田司錢給之，樂藝稍精，仍加賞勸。其緣託權要、逶名充數者，嚴戢絕之。」又言：「大禮前期，皇帝朝饗太廟，別廟內安穆、安恭皇后二室，前此係大臣分詣行事。今既親詣室祼，其酌獻、升殿所奏樂曲，恐不相協，宜命有司更製。」皆從之。

寧宗卽位，孝宗升祔，祧僖祖，立別廟，禮官言：「僖祖既倣唐興聖立爲別廟，遇祫則卽廟以饗，孟冬祫饗日，合先詣僖祖廟室行禮。其樂舞欲依每歲別廟五饗設樂禮例，於僖祖添設登歌樂。如僖廟行禮，就廟殿依次作登歌樂，其宮架樂則於太廟殿上通作。」詔從之。

既而臣僚言：「皇帝因重明聖節，詣壽康宮上壽舉樂，仰體聖主事親盡孝之志，俯遂臣子尊君親上之忱，此國家典禮之大者也。檢照典故，天申節賜御筵，在上壽次日。今乃於前一日賜文武百僚宴，重明上壽，用樂攸始，而臣下聽樂乃在君父之先，義有未安。」遂命改用次日。凡奉上册寶于慈福、壽康宮者，再備樂行禮，一用乾道舊制。尋御文德殿制册皇后，有司請設宮架之樂，依儀施行。慶元六年瑞慶節，金使至，以執光宗、慈懿皇后喪，詔就驛賜御筵，並不作樂。

嘉定二年，明堂大饗，禮部尙書章穎奏：「太常工籍闕少，率差借執役。當親行薦饗，或容不根游手出入殿庭，非所以肅儀衞、嚴禁防也。乞申紹興、開禧已行禁令，不許用市井替名，顯示懲戒，庶俾駿奔之人小大嚴潔，以稱精禋。」臣僚又奏：「郊祀登歌列于壇上，篚于上龠，蓋在天地祖宗之側也。宮架列于午階下，則百神所同聽也。夫樂音莫尙於和，今絲、竹、管、絃類有闕斷，拊搏、佾舞，賤工、窶人往往垢黹獶雜，宜申嚴以肅祀事。」皆俞其請。至十四年，詔：「山東、河北連城慕義，殊俗效順，奉玉寶來獻，其文曰『皇帝恭膺天命之寶』，實惟我祖宗之舊。」乃明年元日，上御大慶殿受寶，用鼓吹導引，備陳宮架大樂，奏詩三章：

一曰恭膺天命，二曰舊疆來歸，三曰永淸四海，並奏以太簇宮。

理宗享國四十餘年，凡禮樂之事，式遵舊章，未嘗有所改作。先是，孝宗廟用大倫之樂，光宗廟用大和之樂；至是，寧宗祔廟，用大安之樂。紹定三年，行中宮册禮，並用紹熙元年之典。及奉上壽明仁福慈睿皇太后册寶，始新製樂曲行事。當時中興六七十載之間，士多嘆樂典之久墜，類欲蒐講古制，以補遺軼。於是，姜夔乃進大樂議于朝。夔言：

紹興大樂，多用大晟所造，有編鍾、鎛鍾、景鍾，有特磬、玉磬、編磬，三鍾三磬未必相應。塤有大小，簫、篪、篴有長短，笙、竽之簧有厚薄，未必能合度。琴、瑟絃有緩急燥濕，軫有旋復，柱有進退，未必能合調。總衆音而言之，金欲應石，石欲應絲，絲欲應竹，竹欲應匏，匏欲應土，而四金之音又欲應黃鍾，不知其果應否。樂曲知以七律爲一調，而未知度曲之義；知以一律配一字，而未知永言之旨。黃鍾奏而聲或林鍾，林鍾奏而聲或太簇。七音之協四聲，各有自然之理。今以平、入配重濁，以上、去配輕清，奏之多不諧協。

八音之中，琴、瑟尤難。琴必每調而改絃，瑟必每調而退柱，上下相生，其理至妙，知之者鮮。又琴、瑟聲微，常見蔽於鍾、磬、鼓、簫之聲；匏、竹、土聲長，而金石常不能以相待，往往考擊失宜，消息未盡。至於歌詩，則一句而鍾四擊，一字而竽一吹，未協古人槁木貫珠之意。況樂工苟焉占籍，擊鍾磬者不知聲，吹匏竹者不知穴，操琴瑟者不知絃。同奏則動手不均，迭奏則發聲不屬。比年人事不和，天時多忒，由大樂未有以格神人、召和氣也。

宮爲君、爲父，商爲臣、爲子，宮商和則君臣父子和。徵爲火，羽爲水，南方火之位，北方水之宅，常使水聲衰、火聲盛，則可助南而抑北。宮爲夫，徵爲婦，商雖父宮，實徵之子，常以婦助夫、子助母，而後聲成文。徵盛則宮唱而有和，商盛則徵有子而生生不窮，休祥不召而自至，災害不祓而自消。聖主方將講禮郊見，願詔求知音之士，考正太常之器，取所用樂曲，條理五音，隱括四聲，而使協和。然後品擇樂工，其上者教以金、石、絲、竹、匏、土、歌詩之事，其次者教以戛、擊、干、羽、四金之事，其下不可教者汰之。雖古樂未易遽復，而追還祖宗盛典，實在茲舉。

其議雅俗樂高下不一，宜正權衡度量：

自尺律之法亡於漢、魏，而十五等尺雜出於隋、唐正律之外，有所謂倍四之器，銀字、中管之號。今大樂外有所謂下宮調，下宮調又有中管倍五者。有曰羌笛、孤笛，曰雙韻、十四弦，以意裁聲，不合正律，繁數悲哀，棄其本根，失之太清；有曰夏笛、鷓鵠，曰胡盧琴、渤海琴，沉滯抑鬱，腔調含糊，失之太濁。故聞其聲者，性情蕩於內，手足亂於外，禮所謂「慢易以犯節，流湎以忘本，廣則容姦，狹則思欲」者也。家自爲權衡，鄉自爲尺度，乃至於此。謂宜在上明示以好惡，凡作樂製器者，一以太常所用及文思所頒爲準。其他私爲高下多寡者悉禁之，則斯民「順帝之則」，而風俗可正。

其議古樂止用十二宮：

周六樂奏六律、歌六呂，惟十二宮也。「王大食，三侑。」注云：「朔日、月半。」隨月用律，亦十二宮也。十二管各備五聲，合六十聲；五聲成一調，故十二調。古人於十二宮又特重黃鍾一宮而已。齊景公作徵招、角招之樂，師涓、師曠有淸商、淸角、淸徵之操。漢、魏以來，燕樂或用之，雅樂未聞有以商、角、徵、羽爲調者，惟迎氣有五引而已，隋書云「梁、陳雅樂，並用宮聲」，是也。若鄭譯之八十四調，出於蘇祗婆之琵琶。大食、小食、般涉者，胡語；伊州、石州、甘州、婆羅門者，胡曲；綠腰、誕黃龍、新水調者，華聲而用胡樂之節奏。惟瀛府、獻仙音謂之法曲，卽唐之法部也。凡有催衮者，皆胡曲耳，法曲無是也。且其名八十四調者，其實則有黃鍾、太簇、夾鍾、仲呂、林鍾、夷則、無射七律之宮、商、羽而已，於其中又闕太簇之商、羽焉。

國朝大樂諸曲，多襲唐舊。竊謂以十二宮爲雅樂，周制可舉；以八十四調爲宴樂，胡部不可雜。郊廟用樂，咸當以宮爲曲，其間皇帝升降、盥洗之類，用黃鍾者，羣臣以太簇易之，此周人王用王夏、公用驁夏之義也。

其議登歌當與奏樂相合：

周官歌奏，取陰陽相合之義。歌者，登歌、徹歌是也；奏者，金奏、下管是也。奏六律主平陽，歌六呂主平陰，聲不同而德相合也，自唐以來始失之。故趙愼言云：「祭祀有下奏太簇、上歌黃鍾，俱是陽律，既違禮經，抑乖會合。」今太常樂曲，奏夾鍾者奏陰歌陽〔三〕，其合宜歌無射，乃或歌大呂；奏函鍾者奏陰歌陽，其合宜歌蕤賓，乃或歌應鍾；奏黃鍾者奏陽歌陰，其合宜歌大呂，乃雜歌夷則、夾鍾、仲呂、無射矣。苟欲合天人之和，此所當改。

其議祀享惟登歌、徹豆當歌詩：

古之樂，或奏以金，或吹以管，或吹以笙，不必皆歌詩。周有九夏，鍾師以鍾鼓奏之，此所謂奏以金也。大祭祀登歌既畢，下管象、武。管者，簫、篪、篴之屬。象、武皆詩而吹其聲，此所謂吹以管者也。周六笙詩，自南陔皆有聲而無其詩，笙師掌之以供祀饗，此所謂吹以笙者也。周升歌淸廟，徹而歌雍詩，一大祀惟兩歌詩。漢初，此制未改，迎神曰嘉至，皇帝入曰永至，皆有聲無詩。至晉始失古制，既登歌有詩，夕牲有詩，饗神有詩，迎神、送神又有詩。隋、唐至今，詩歌愈富，樂無虛作。謂宜倣周制，除登歌、徹歌外，繁文當删，以合乎古。

其議作鼓吹曲以歌祖宗功德：

古者，祖宗有功德，必有詩歌，七月之陳王業是也。歌於軍中，周之愷樂、愷歌是也。漢有短簫鐃歌之曲，凡二十二篇，軍中謂之騎吹，其曲曰戰城南、聖人出之類是也。魏因其聲，製爲克官渡等曲十有二篇；晉亦製爲征遼東等曲二十篇；唐柳宗元亦嘗作爲鐃歌十有二篇，述高祖、太宗功烈。我朝太祖、太宗平僭僞，一區宇；眞宗一戎衣而却契丹；仁宗海涵春育，德如堯、舜；高宗再造大功，上儷祖宗。願詔文學之臣，追述功業之盛，作爲歌詩，使知樂者協以音律，領之太常，以播于天下。

夔乃自作聖宋鐃歌曲：宋受命曰上帝命，平上黨曰河之表，定維揚曰淮海濁〔三〕，取湖南曰沅之上，得荆州曰皇威暢，取蜀曰蜀山邃〔四〕，取廣南曰時雨霈，下江南曰望鍾山，吳越獻國曰大哉仁，漳、泉獻土曰謳歌歸，克河東曰伐功繼，征澶淵曰帝臨墉，美致治〔五〕曰維四葉，歌中興曰炎精復：凡十有四篇，上于尚書省。書奏，詔付太常。然夔言爲樂必定黃鍾，迄無成說。其議今之樂極爲詳明，而終謂古樂難復，則於樂律之原有未及講。

其後朱熹深悼先王制作之湮泯，與其友武夷蔡元定相與講明，反覆參訂，以究其歸極。

熹在慶元經筵，嘗草奏曰：「自秦滅學，禮樂先壞，而樂之爲教，絕無師授。律尺短長，聲音清濁，學士大夫莫知其說，而不知其爲闕也。望明詔許臣招致學徒，聚禮樂諸書，編輯別爲一書，以補六藝之闕。」後修禮書，定爲鍾律、樂制等篇，垂憲言以貽後人。

蓋宋之樂議，因時迭出，其樂律高下不齊，俱有原委。建隆初用王朴樂，藝祖一聽，嫌其太高，近於哀思，詔和峴考西京表尺，令下一律，比舊樂始和暢。至景祐、皇祐間，訪樂、議樂之詔屢頒，於是命李照改定雅樂，比朴下三律。照以縱黍累尺，雖律應古樂，而所造鍾磬，才中太簇，樂與器自相矛盾。阮逸、胡瑗復定議，止下一律，以尺生律，而黃鍾律短，所奏樂聲復高。元豐中，以楊傑條樂之疵，召范鎭、劉几參定。几、傑所奏，下舊樂三律，范鎭以爲聲雜鄭、衞，且律有四釐六毫之差，太簇爲黃鍾，宮商易位，欲求眞黍以正尺律，造樂來獻，復下李照一律。至元祐廷奏，而詔獎之。初，鎭以房庶所得漢書，其言黍律異於他本，以大府尺爲黃帝時尺，司馬光力辨其不然。鎭以周鬴、漢斛爲據，光謂鬴本考工所記，斛本劉歆所作，非經不足法。鎭以所收開元中笛及方響合於仲呂，校太常樂下五律，教坊樂下三律。光謂此特開元之仲呂，未必合於后夔，力止鎭勿奏所爲樂。光與鎭平生大節不謀而同，惟鍾律之論往返爭議，凡三十餘年，終不能以相一。

是時，濂、洛、關輔諸儒繼起，遠溯聖傳，義理精究。周惇頤之言樂，有曰：「古者聖王制禮法、修教化，三綱正，九疇敍，百姓大和，萬物咸若，乃作樂以宣八風之氣。樂聲淡而不傷，和而不淫。淡則欲心平，和則躁心釋。德盛治至，道配天地，古之極也。後世禮法不修，刑政苛紊，代變新聲，導欲增悲，故有輕生敗倫不可禁者矣。樂者，古以平心，今以助欲；古以宣化，今以長怨。不復古禮，不變今樂，而欲至治者，遠哉！」

程頤有曰：「律者，自然之數。先王之樂，必須律以考其聲。尺度權衡之正，皆起於律。律管定尺，以天地之氣爲準，非秬黍之比也。律取黃鍾，黃鍾之聲亦不難定，有知音者，參上下聲考之，自得其正。」

張載有曰：「聲音之道與天地通，蠶吐絲而商弦絕，木氣盛則金氣衰，乃此理自相應。今人求古樂太深，始以古樂爲不可知，律呂有可求之理，惟德性深厚者能知之。」此三臣之學，可謂窮本知變，達樂之要者矣。

熹與元定蓋深講於其學者，而研覃眞積，述爲成書。元定先究律呂本原，分其篇目，又從而證辨之。

其黃鍾篇曰：

洗、應鍾六律之聲，少下，不和，故有變律。律之當變者有六：黃鍾、林鍾、太簇、南呂、姑洗、應鍾。變律者，其聲近正律而少高於正律，然後洪纖、高下不相奪倫。變律非正律，故不爲宮。其證辨曰：「十二律循環相生，而世俗不知三分損益之數，往而不返。仲呂再生黃鍾，止得八寸七分有奇，不成黃鍾正聲。京房覺其如此，故仲呂再生，別名執始，轉生四十八律。不知變律之數止於六者，出於自然，不可復加。雖強加之，亦無所用也。房之所傳出於焦氏，焦氏卦氣之學，亦去四而爲六十，故其推律必求合此數。不知數之自然，在律不可增，於卦不可減也。何承天、劉焯譏房之病，乃欲增林鍾已下十一律之分，使至仲呂反生黃鍾，還得十七萬七千一百四十七〔八〕之數，則是惟黃鍾一律成律，他十一律皆不應三分損益之數，其失又甚於房。」

律生五聲篇曰：

宮聲八十一，商聲七十二，角聲六十四，徵聲五十四，羽聲四十八。按黃鍾之數九九八十一，是爲五聲之原，三分損一以下生徵，徵三分益一以上生商，商三分損一以下生羽，羽三分益一以上生角。至角聲之數〔九〕六十四，以三分之，不盡一算，數不可行，此聲之數所以止於五也。其證辨曰：「通典曰：『黃鍾爲均，用五聲之法以下十一辰，辰各有五聲，其爲宮商之法亦如之。辰各有五聲，合爲六十聲，是十二律之正聲也。』夫黃鍾一均之數，而十一律於此取法焉。以十二律之宮長短不同，而其臣、民、事、物、尊卑，莫不有序而不相亂，良以是耳。沈括不知此理，乃以爲五十四在黃鍾爲徵、在夾鍾爲角、在仲呂爲商者，其亦誤矣。俗樂之有清聲，略知此意。但不知仲呂反生黃鍾，黃鍾又自林鍾再生太簇〔一〇〕，皆爲變律，已非黃鍾、太簇之清聲耳。胡瑗於四清聲皆小其圍徑，則黃鍾、太簇二聲雖合，而大呂、夾鍾二聲又非本律〔一一〕之半。且自夷則至應鍾四律，皆以次而小其徑圍以就之，遂使十二律、五聲皆有不得其正者。李照、范鎭止用十二律，則又未知此理。蓋樂之和者，在於三分損益；樂之辨者，在於上下相生。若李照、范鎭之法，其合於三分損益者則和矣，自夷則已降，其臣、民、事、物，豈能尊卑有辨而不相凌犯乎？晉荀勗之笛，梁武帝之通，皆不知而作者也。」

變聲篇曰：

變宮聲四十二，變徵聲五十六。五聲宮與商、商與角、徵與羽相去各一律，至角與徵、羽與宮相去乃二律。相去一律則音節和，相去二律則音節遠〔一二〕。故角、徵之間，近徵收一聲，比徵少下，故謂之變徵；羽、宮之間，近宮收一聲，少高於宮〔一三〕，故謂之變宮。角聲之實六十有四，以三分之，不盡一算，既不可行，當有以通之。聲之變者二，故置一而兩，三之得九，以九因角聲之實六十有四，得五百七十六。三分損益，再生變徵、變宮二聲，以九歸之，以從五聲之數，存其餘數，以爲彊弱。至變徵之數五百一十二，以三分之，又不盡二算，其數又不行，此變聲所以止於二也。變宮、變徵，宮不成宮，徵不成徵，淮南子謂之「和謬」，所以濟五聲之不及也。變聲非正聲，故不爲調。

其證辨曰：「宮、羽之間有變宮，角、徵之間有變徵，此亦出於自然，左氏所謂『七音』，漢前志所謂『七始』，是也。然五聲者，正聲，故以起調、畢曲，爲諸聲之綱。至二變聲，則不比於正音，但可濟其所不及而已。然有五聲而無二變，亦不可以成樂也。」

八十四聲篇曰：

黄鍾不爲他律役，所用七聲皆正律，無空、積、忽、微。自林鍾而下，則有半聲：大呂、太簇一半聲，夾鍾、姑洗二半聲，蕤賓、林鍾四半聲，夷則、南呂五半聲，無射、應鍾爲六半聲。中呂爲十二律之窮，三半聲也〔四〕。自蕤賓而下則有變律：蕤賓一變律，大呂二變律，夷則三變律，夾鍾四變律，無射五變律，中呂六變律也。皆有空、積、忽、微，不得其正，故黄鍾獨爲聲氣之元。雖十二律八十四聲皆黄鍾所生，然黄鍾一均，所謂純粹中之純粹者也。八十四聲：正律六十三，變律二十一。六十三者，九七之數也；二十一者，三七之數也。

六十調篇曰：

十二律旋相爲宮，各有七聲，合八十四聲。宮聲十二，商聲十二，角聲十二，徵聲十二，羽聲十二，凡六十聲，爲六十調。其變宮十二，在羽聲之後、宮聲之前；變徵十二，在角聲之後、徵聲之前：宮徵皆不成，凡二十四聲，不可爲調。黄鍾宮至夾鍾羽，並用黃鍾起調、黃鍾畢曲；大呂宮至姑洗羽，並用大呂起調、大呂畢曲；太簇宮至仲呂，並用太簇起調、太簇畢曲；夾鍾宮至蕤賓羽，並用夾鍾起調、夾鍾畢曲；姑洗宮至林鍾羽，並用姑洗起調、姑洗畢曲；仲呂宮至夷則羽，並用仲呂起調、仲呂畢曲；蕤賓宮至南呂羽，並用蕤賓起調、蕤賓畢曲；林鍾宮至無射羽，並用林鍾起調、林鍾畢曲；夷則宮至應鍾羽，並用夷則起調、夷則畢曲；南呂宮至黃鍾羽，並用南呂起調、南呂畢曲；無射宮至大呂羽，並用無射起調、無射畢曲；應鍾宮至太簇羽，並用應鍾起調、應鍾畢曲，是爲六十調。六十調卽十二律也，十二律卽一黃鍾也。黃鍾生十二律，十二律生五聲二變。五聲各有紀綱，以成六十調，六十調皆黃鍾損益之變也。宮、商、角三十六調，老陽也；其徵、羽二十四調，老陰也。調成而陰陽備也。

或曰：「日辰之數由天五、地六錯綜而生，律呂之數由黃鍾九寸損益而生，二者不同。至數之成，則日有六甲、辰有五子爲六十日；律呂有六律、五聲爲六十調，若合符節，何也？」曰：「卽所謂調成而陰陽備也。」夫理必有對待，數之自然也。以天五、地六合陰與陽言之，則六甲、五子究於六十，其三十六爲陽，二十四爲陰。以黃鍾九寸紀陽不紀陰言之，則六律、五聲究於六十，亦三十六爲陽，二十四爲陰。蓋一陽之中，又自有陰陽也。非知天地之化育者，不能與於此。其證辨曰：「禮運：『五聲、六律、十二管還相爲宮。』孔氏疏曰：『黃鍾爲第一宮，至中呂爲第十二宮，各有五聲，凡六十聲。』聲者，所以起調、畢曲，爲諸聲之綱領，正禮運所謂『還相爲宮』也。周禮大司樂，祭祀不用商，惟宮、角、徵、羽四聲。古人變宮、變徵不爲調，左氏傳曰：『中聲以降，五降之後，不容彈矣。』以二變聲之不可爲調也。後世以變宮、變徵參而爲八十四調，其亦不考矣。」

候氣篇曰：

以十二律分配節氣，按曆而候之。其氣之升，分、毫、絲、忽，隨節各異。夫陽生於復，陰生於姤，如環無端。今律呂之數，三分損益，終不復始，何也？曰：「陽之升，始於子，午雖陰生，而陽之升於上者未已，至亥而後窮上反下；陰之升，始于午，子雖陽生，而陰升於上亦未已，至巳而後窮上反下。律於陰則不書，故終不復始也。是以升，陽之數，自子至巳差彊，在律爲尤彊，在呂爲差弱；自午至亥漸弱，在律爲尤弱，在呂爲差彊。分數多寡，雖若不齊，然而絲分毫別，各有條理，此氣之所以飛灰，聲之所以中律也。」

或曰：「易以道陰陽，而律不書陰，何也？」曰：「易盡天下之變，善惡無不備，律致中和之用，止於至善者也。以聲言之，大而至於雷霆，細而至於蠛蠓，無非聲也。易則無不備也，律則寫其所謂黃鍾一聲而已。雖有十二律六十調，然實一黃鍾也。是理也，在聲爲中聲，在氣爲中氣，在人則喜怒哀樂未發與發而中節，此聖人所以一天人、贊化育之道也。」其證辨曰：「律者，陽氣之動，陽聲之始，必聲和氣應，然後可以見天地之心。今不此之務，乃區區於秬黍之縱橫、古錢〔三〕之大小，其亦難矣。然非精於曆數，則氣節亦未易正。」至於審度量、謹權衡，會粹古今，辨析尤詳，皆所以參伍而定黃鍾爲中聲之符驗也。朱熹深好其書，謂國家行且平定，中原必將審音協律，以諧神人。受詔典領之臣，宜得此書奏之，以備東都郊廟之樂。

熹定鍾律、詩樂、樂制、樂舞等篇，彙分於所修禮書中，皆聚古樂之根源，簡約可觀。而鍾律分前後篇，其前篇爲條凡七：一曰十二律陰陽、辰位相生次第之圖，二曰十二律寸、分、釐、毫、絲、忽之數，三曰五聲五行之象、清濁高下之次，四曰五聲相生、損益、先後之次，五曰變宮、變徵二變相生之法，六曰十二律正變、倍半之法，七曰旋宮八十四聲、六十調之圖。其後篇爲條凡六：一曰明五聲之義，二曰明十二律之義，三曰律寸舊法，四曰律寸新法，五曰黃鍾分寸數法，六曰黃鍾生十一律數。大率采元定所著，更互演繹，尤爲明邃。其樂制彙于王朝禮，其樂舞彙于祭禮，上下千載，旁搜遠紹，昭示前聖禮樂之非迂，而將期古樂之復見於今，熹蓋深致意焉。其詩樂篇別系于後。

校勘記

〔一〕紹熙　原作「紹興」。按本節所敍爲紹熙用樂故事，「紹興」當作「紹熙」，故改。

〔二〕奏陰歌陽　原作「奏陽歌陰」，通考卷一四三作「奏陰歌陽」。按夾鍾是陰呂，無射是陽律，通考說是，據改。

〔三〕淮海濁　原作「淮海清」，姜夔白石道人歌曲作「淮海濁」。張文虎舒藝室餘筆說「『濁』字不誤，宋志作『清』，誤」，據改。

〔四〕蜀山邃　「山」原作「土」，據白石道人歌曲改。

〔五〕美致治　「致」原作「仁」，據同上書改。

〔六〕三分本律　「本」原作「半」，據文義和丘瓊蓀宋史樂志校釋（稿本）引律呂新書改。

〔七〕他律雖欲役之　「欲」字原脫，據同上書引證補。

〔八〕十七萬七千一百四十七　下「七」字原脫，據同上書引證補。

〔九〕至角聲之數　「數」原作「類」，據文義和同上書引證改。

〔一〇〕黃鍾又自林鍾再生太簇　「自」原作「次」，據同上書引證改。

〔一一〕本律　原作「半律」，據同上書引證改。

〔一二〕則音節遠　「遠」原作「達」，據同上書引證改。

〔三〕少高於宮　宋史樂志校釋（稿本）說「高」應作「下」。是。

〔四〕三牛聲也　「牛」原作「變」，據文義和同上書引證律呂新書改。

〔五〕古錢　原作「古律」，據同上書引證改。

宋史卷一百三十二

志第八十五

樂七 樂章一

郊祀 祈穀 雩祀 五方帝 感生帝

建隆郊祀八曲

降神，高安 在國南方，時維就陽。以祈帝祉，式致民康。豆籩鼎俎，金石絲簧。禮行樂奏，皇祚無疆。

皇帝升降，隆安 步武舒遲，陞壇肅祗。其容允若，于禮攸宜。

奠玉幣，嘉安 嘉玉制幣，以通神明。神不享物，享于克誠。

奉俎，豐安 笙鏞備樂，繭栗陳牲。乃迎芳俎，以薦高明。

酌獻，禧安　丹雲之爵，金龍之杓。挹于尊罍，是曰清酌。

飲福，禧安　潔茲五齊，酌彼六尊。致誠斯至，率禮彌敦。以介景福，永隆後昆。重熙累洽，帝道攸尊。

亞獻、終獻，正安　謂天蓋高，其聽孔卑。聞樂歆德，介以福禧。

送神，高安　倏兮而來，忽兮而迴。雲馭杳邈，天門洞開。

咸平親郊八首

降神，高安　圜丘何方？在國之陽。禮神合祭，運啓無疆。祖考來格，籩豆成行。其儀肅肅，降福穰穰。

皇帝升降，隆安　禮備樂成，乾健天行。帝容有穆，佩玉鏘鳴。

奠玉幣，嘉安　定位恙祀，告于神明。嘉玉量幣，享于克誠。

奉俎，豐安　有牲斯純，有俎斯陳。進于上帝，昭報深仁。

酌獻，禧安　大報于帝，盛德升聞。醴齊良潔，粢盛苾芬。

飲福，禧安　祀帝圜丘，九州獻力。禮行于郊，百神受職。靈祇格思，享我明德。天鑒孔章，玄祉昭錫。

亞獻、終獻，正安　羽籥云罷，干戚載揚。接神有恪，錫羨無疆。

送神，高安　神駕來思，風舉雲飛。神馭歸止，天空露晞。

景祐親郊，三聖並侑二首

奠幣，廣安　千齡啓運，三后在天。嘉壇並侑，億萬斯年。

酌獻，彰安　皇基締構，帝系靈長。躬薦鬱鬯，子孫保昌。

常祀二首

太祖配位奠幣，定安　翕受駿命，震疊羣方。侑祀上帝，德厚流光。

酌獻，英安　誕受靈符，肇基丕業。配享潔尊，永隆萬葉。

元符親郊五首餘同咸平，凡闕者皆用舊詞。

降神，景安六變辭同。　無爲穆遠，深厚廣圻。祭神恭在，弁冕袞衣。粢盛豐美，明德馨輝。以祥以佑，非眇專祈。

升降，乾安罍洗、飲福並奏。　神靈擁衞，景從雲隨。玉色温粹，天步舒遲。周旋陟降，皇心肅祗。千靈是保，百福攸宜。

退文舞、迎武舞，正安　左手執籥，右手秉翟。進旅退旅，萬舞有奕。

徹豆，熙安　陟彼郊丘，大祀是承。其豆孔庶，其香始升。上帝時歆，以我齊明。卒事而徹，福祿來成。

送神，景安　馨遺八尊，器空二簋。至祝至虔，穹祇貺祉。

政和親郊三首

皇帝升降，乾安　因山爲高，爰陟其首。玉趾躩如，在帝左右。帝謂我王，予懷仁厚。眷言顧之，永綏九有。

配位酌獻，大寧　於穆文祖，妙道九德。默契靈心，肇基王迹。啓佑後人，垂裕罔極。合食昭薦，孝思維則。　於皇順祖，積德累祥。發源深厚，不耀其光。基天明命，厥厚克昌。是孝是享，中錫無疆。

高宗建炎初，國步尙艱，乃詔有司，天帝、地祇及他大祀，先以時舉。太常尋奏，近已增募樂工，干、羽、籥、虡亦備，始循舊禮，用登歌樂舞。其祀昊天上帝：

降神用景安

圜鍾爲宮，三奏　蒐講上儀，式修毖祀。日吉辰良，禮成樂備。風馭雲旗，聿來歆止。嘉我馨德，介茲繁祉。

黃鍾爲角，一奏　我將我享，涓選休成。執事有恪，惟寅惟淸。樂既六變，肅雍和鳴。高高在上，庶幾是聽。

太簇爲徵，一奏　禮崇禋祀，備物薦誠。昭格穹昊，明德惟馨。風馬雲車，肸蠁居歆。申錫無疆，賚我思成。

姑洗爲羽，一奏　惟天爲大，物始攸資。恭承禋祀，以報以祈。神不可度，日監在茲。有馨明德，庶其格思。

皇帝盥洗，正安　靈承上帝，厲意專精。設洗于阼，罍水以淸。盥以致潔，感通神明。無遠弗居，其饗茲誠。

升壇，正安　皇矣上帝，神格無方！一陽肇復，典祀有常。豆登豐潔，薦德馨香。棐忱居歆，降福穰穰。

上帝位奠玉幣，嘉安　治極發聞，不瑕有芬。嘉玉陳幣，神居欣欣。誠心昭著，欽恭無文。以妥以侑，篤祜何垠。

太祖位奠幣，定安　茫茫蒼穹，孰知其紀！精意潛通，雖遠而邇。量幣薦誠，有實斯篚。睠然顧之，永錫繁祉。

皇帝還位，正安　典祀有常，昭事上帝。奉以告虔，逮迄奠幣。鍾鼓旣設，禮儀旣備。神之格思，恭承貺賜。

捧俎，豐安　祀事孔明，禮文惟楙。爰潔犧牲，載登俎豆。或肆或將，無聲無臭。精祲潛通，永綏我后。

上帝酌獻，嘉安　氣萌黃鍾，萬物資始。欽若高穹，吉蠲時祀。神筴泰元，增授無已。羣生熙熙，函蒙繁祉。

太祖位酌獻，英安　赫赫翼祖〔二〕，受命于天。德邁三代，威加八埏。陟配上帝，明禋告虔。流光垂裕，於萬斯年。

文舞退、武舞進，正安　大德日生，陰陽寒暑。樂舞形容，干戚籥羽。一弛一張，退旅進旅。神安樂之，祉錫綿宇。

亞、終獻，文安　惟聖普臨，順皇之德。典禮有彝，享祀不忒。籩豆靜嘉，降登肹飭。神具醉止，景貺咸集。

徹豆，肅安　內心齊誠，外物蠲潔。神來迪嘗，俎豆既徹。燕及羣生，靡或夭閼。降福穰穰，時萬時億。

送神，景安　於赫上帝，乘龍御天。惟聖克事，明饗斯虔。薦豆云徹，靈猋且旋。載錫休祉，其惟有年。

望燎，正安　靈承上帝，精意感通。馨香旁達，粢盛既豐。登降有儀，祀備樂終。神之聽之，福祿來崇。

紹興十三年，初舉郊祀，命學士院製宮廟朝獻及圜壇行禮、登門肆赦樂章，凡五十有八。至二十八年，以臣僚有請改定，於是御製樂章十有三及徽宗元御製仁宗廟樂章一，共十有四篇。餘則分命大臣與兩制儒館之士，一新撰述，幷懿節別廟樂曲，凡七十有四，倶彙見焉。其祀圜丘：

皇帝入中壝，乾安 帝出于震，巽惟齊明。律日姑洗，以示潔淸。我交于神，蠲意必精。既盥而往，祈鑒斯誠。

降神，景安 陽動黃宮，日旋南極。天門蕩蕩，百神受職。爰熙紫壇，煇黃殊色。神哉沛來，蓋親有德。

盥洗，乾安 帝顧明德，監于克誠。齊戒滌濯，式示潔淸。郊丘合祛，享意必精。既盥而薦，熙事備成。

升壇，乾安 帝臨崇壇，媼神其從。稽古合祛，並侑神宗。升階奠玉，誠意感通。貺施鼎來，受福無窮。

昊天上帝位奠玉幣，嘉安御製。 上穹昊天，日星垂曜。照臨下土，王國是保。維玉與帛，寅恭昭報。永左右之，欽若至道。

皇地祇位奠玉幣，嘉安御製。 至哉坤厚，隤然止靜！柔載動植，資始成性。玉光幣色，璨若其映。式恭禋祀，有邦之慶。

太祖皇帝位奠幣，廣安御製。　明明翼祖〔三〕，並侑泰壇。肇造綿宇，王業孔艱。表正封略，上際下蟠。躬以大報，亦止于燔。

太宗皇帝位奠玉幣，化安御製。　赫赫巍巍，及時純熙。昊天成命，后則受之。登邁邃古，光被聲詩。有幣陟配，孫謀所貽。

降壇，乾安　躬展盛儀，天步逡巡。樂備禮交，嘉玉既陳。神方安坐，薦祉紛綸。陟降有容，皇心載勤。

還位，乾安　克昭王業，命成昊天。泰畤禋燎，八陛惟圓。肅然威儀，登降周旋。是謂精享，神監吉蠲。

奉俎，豐安　至大惟天，云何稱德！展誠致薦，牲用博碩。誠以牲寓，帝由誠格。居歆降祥，時萬時億。

再詣盥洗，乾安　帝出于震，巽惟潔齊。神明其德，迺稱禋柴。惟茲吉蠲，昭事聿懷。重盥而祀，敷錫孔皆。

再升壇與初升同，惟易奠玉作奠酌。

昊天上帝位酌獻，禧安御製。　謁款壇陛，祗祀泰禋。丘圜自然，可格至神。桂尊登酌，嘉薦芳新。靡福非眇，敷佑下民。

皇地祇位酌獻，光安御製。　厚德光大，承元之明。茲潛孳吹，升于昭淸。冰天桂海，咸資化成。恭酌彝醪，報本惟精。

太祖皇帝位酌獻，彰安御製。　於赫皇祖，創業立極。肅肅靈命，蕩蕩休德。嘉觴精潔，雅奏金石。丕顯神謨，惟後之則。

太宗皇帝位酌獻，韶安御製。　丕鑠帝宗，復受天命。羣陰猶黷，一戎大定。奠鬯斯馨，功歌在詠。佑啓後人，文軌畨正。

還位，乾安　肆類上帝，懷柔百神。稟秸既設，珪幣既陳。精誠潛交，已事而竣。佑我億載，基圖日新。

入小次，乾安　恭展美報，聿修上儀。禮樂和節，登降適宜。德焉斯親，神靡不娭。海內承福，式固邦基。

文舞退、武舞進，正安　泰元尊臨，富媪繁祉。於皇祖宗，既昭格止。奏舞象功，靈其有喜。永言孝思，盡善盡美。

亞獻，正安　陽丘其高，神祇並位。既奠厥玉，既奉厥醴。亦有嘉德，克相毖祀。旨酒載爵，以成熙事。終獻同，止易再酌爲三酌。

出小次位，乾安　爰熙紫壇，天地並貺。來燕來寧，畢陳鬱鬯。承神至尊，精意所鄉。告靈饗矣，祉福其暢。

詣飲福位，乾安　帝臨崇壇，媪神其從。祖宗並歆，福祿攸同。兵寢刑措，時和歲豐。其膺受之，將施無窮。降壇同，止易「將」作「以」。

飲福，禧安　八音克諧，降神出祇。風馬雲車，陟降在茲。錫我純嘏，我應受之。一人有慶，燕及羣黎。

還位，乾安　帝出于震，孝奏上儀。燔燎壇薌，神徠燕娭。肅若舊典，罔或不祗。既右饗之，翕受蕃釐。

徹豆，熙安　燎薌既升，焫膋以潔。于豆于登，焄蒿有飶。紫幄熉黃，神其安悅。將以慶成，薄言盍徹。

送神，景安　九霄眇邈，神不可求。何以降之？監德之修。三獻備成，神不可留。何以送之？保天之休。

望燎，乾安　謂天蓋高，陽噓而生。日月列宿，皆天之神。肆求厥類，與陽俱升。視燎于壇，以終其勤。

望瘞，乾安　謂地蓋厚，陰翕而成。社稷羣望，皆地之靈。肆求厥類，與陰俱凝。視瘞于坎，以終其勤。

還大次，乾安　舞具八佾，樂備六成。大矣孝熙，厲意專精。已事而竣，回軫還衡。我應受之，以莫不增。

還內，采茨　五輅鳴鑾，八神警蹕。天官景從，莫不祗栗。祲威盛容，昭哉祖述。祚我無疆，叶氣充溢。

寧宗郊祀二十九首

皇帝入中壝，乾安　合祀丘澤，登侑祖宗。顧諟惟精，靈承惟恭。有嚴皇儀，有莊帝容。監于克誠，肅肅雍雍。

降神，景安

圜鍾爲宮　天門蕩蕩，雲車陰陰。百神咸秩，三靈顧歆。神哉來娭，神哉溥臨。饗時宋德〔三〕，翼翼小心。

黃鍾爲角　華蓋既動，紫微洞開。星樞周旋，日車徘徊。靈兮顧佑，靈兮沛來。載燕載娭，式時壇垓。

太簇爲徵　泰尊媪鼇，祖功宗德。辰躔陪營，嶽瀆受職。神哉來下，神哉來格。饗德惟馨，留虞嘉席。

姑洗爲羽　金石宣昭，羽旄紛綸。潔火夕照，明水夜陳。娭哉惟靈，娭哉惟神。

風馬招搖，惟德之親。

皇帝盥洗，乾安　皇帝儉勤，盥用陶瓦。禮神頌祇，奠幣獻斝。月鑑陰肅，醴液融冶。挹彼注茲，禮無違者。

升壇，乾安　崇臺穹窿，高靈下墮。慶陰彷彿，從坐嶫峨。宵昇于丘，時通爟火。維天之命，百祿是荷。

降壇　帝饗于郊，一精二純。紫觚陟降，嘉玉妥陳。神方留娭，瑞貺紛綸。申錫無疆，螽斯振振。

還位　肅肅禮度，鋗鋗宮奏。天行徐謐，皇儀昭懋。光連重壓，物備簋豆。於皇以饗，無聲無臭。

偹書奉俎　列俎孔陳，嘉籩維實。鼎湛陽燧，玉流星液。我牲既碩，我薦既苾。神監下昭，安坐翔吉。

再詣盥洗　帝登初觴，禮嚴再盥。精明顯昭，齊顒洞貫。靈娭留俞，神光炳煥。我宋受福，永壽於萬。

再升壇　紫壇嶽立，神光夜燭。有儼旒采，有鸞佩玉。霄垠顧佑，祖宗熙穆。對越不忘，俾爾戩穀。

降壇，乾安　天容澄謐，景氣晏和。瓚斝薦醇，鋗璆叶歌。帝降庭止，夜其如何？神助之休，宜爾衆多。

還位，乾安　甘露流英，卿雲舒采。靈俞有喜，神光晻曖。穆穆來蒞，洋洋如在。帝用居歆，澤及四海。

入小次，乾安　聽惟馨德，監惟棐忱。顧諟思明，靈承思欽。永言端蒞，肅對下臨。上帝是皇，毋貳爾心。

文舞退、武舞進，正安　羽籥陳容，干戚按節。德閑而泰，功勞而决。虞我神祇，揚我謨烈。盡美盡善，福流有截。

亞獻，正安　帝臨中壇，神從八陛。華玉展瑞，明馨薦醴。亦有嘉德，克相盛禮。獻茲重觴，降福瀰瀰。

終獻，正安　敬事天地，升侑祖宗。陳盥于三，介觴之重。秉德翼翼，有來雍雍。相予祀事，福嘏日溶。

出小次，乾安　孝奏展成，熙儀畢薦。光流桂俎，祥衍椒奠。風管晨凝，雲容天轉。拜貺于郊，右序詒燕。

詣飮福位，乾安　所饗惟淸，所歆惟馨。靈喜留俞，天景窈冥。福祿來成，福祿來寧。皇用時歛，壽我慈庭。

飲福，禧安　瓚斝觩觩，觥罍氤氳。有醴惟香，有酒惟欣。肸蠁豐融，懿懿芬芬。我龍受之，如川如雲。

降壇，乾安　天錫多祉，皇受五福。言瞻瑤壇，迄奉瑄玉。昭星炳燿，元氣回復。帝儀載旋，有嘉穆穆。

還位，乾安　璇圖天深，鼎文日輝。慶流皇家，象炳紫微。乾回晃旒，雲煥袞衣。何千萬年，式于九圍。

尙書徹豆，熙安　藺豆既升，簠簋既登。禮備俎實，饗貴牲脀。時乃告徹，器用畢興。祚我皇基，介福是膺。

送神，景安　神輔有德，來燕來娭。禮薦熙成，三靈逆釐。神饗有道，言旋言歸。福祉咸蒙，百世本支。

詣望燎位，乾安　莫神乎天，陽噓而生。日月星辰，皆乾之精。肆求厥類，與陽俱升。眡燎于壇，展也大成。

詣望瘞位，乾安　地載萬物，陰翕而成。山嶽河瀆，皆坤之靈。克肖其象，與陰俱凝。眡瘞于坎，思求厥成。

還大次，乾安　福方流胙，祈方欽柴。鹵簿載肅，球架允諧。帝祉具臨，皇靈允懷。端御于次，降福孔皆。

還內，乾安　八神呵蹕，千官景從。回軫還衡，祲威盛容。妥飾芝鳳，御朝雲龍。歸壽慈闈，敷時民雍。

景祐上辛祈穀，仁宗御製二首

太宗配位奠幣，仁安　天祚有開，文德來遠。祈穀日辛，侑神禮展。

酌獻，紹安　於穆神宗，惟皇永命。薦醴六尊，聲歌千詠。

紹興祈穀三首

降神、盥洗、升壇、還位及上帝奠玉幣、奉俎，並同圜丘。

太宗位奠幣，宗安　於穆思文，克配上帝。涓選休成，遵揚嚴衞。祗薦明誠，肅陳量幣。享茲吉蠲，申錫來裔。

上帝位酌獻，嘉安　三陽肇新，萬物資始。精誠祈天，其聽斯邇。願均雨暘，田疇之喜。如坻如京，以備百禮。

太宗位酌獻，德安　天錫勇智，允惟太宗。功隆德盛，與帝比崇。禮嚴陟配，誠達精衷。

尙其錫祉，歲以屢豐。

孟夏雩祀，仁宗御製二首

太祖配坐奠幣，獻安　昊天蓋高，祀事爲大。嚴配皇靈，億福來介。

酌獻，感安　龍見而雩，神之來格。犧象精良，威靈赫奕。

紹興雩祀一首

上帝位酌獻，嘉安　蒼蒼昊穹，覆臨下土。欽惟歲事，民所依怙。爰竭精虔，禮典斯舉。甘澤以時，介我稷黍。

冬至、孟春、孟夏、季秋四祀，上公攝事七首

降神，景安二章　天何言哉，至淸而健！默定幽贊，降祥福善。夙設圜壇，恭陳嘉薦。貞馭下臨，儲休錫羨。

生物之祖，興益之宗。于國之陽，以禋昊穹。六變降神，於論鼓鍾。親德享道，錫羨無窮。

太尉行，正安　禮經之重，祭典爲宗。上公攝事，登降彌恭。庶品豐潔，令儀肅雍。百神萃止，惟吉之從。

司徒奉俎，豐安　禮崇禋祀，神鑒孔明。牲牷博腯，以炰以烹。馨香蠲潔，品物惟精。錫

以純嘏，享茲至誠。

飲福，廣安　簠簋既陳，吉蠲登薦。洗心防邪，肅祗祭典。陟降惟寅，籩豆有踐。百福咸宜，淳耀丕顯。

亞、終獻，文安　秩秩禮文，肅肅嚴祀。仰洽神休，式協民紀。灌獻有容，敍其俎簋。明德惟馨，以介丕祉。

送神，景安　帝臨中壇，肅恭禋祀。靈景舒光，飛龍旋軌。送神有章，神心具醉。輔德惟仁，永錫元祉。

景德以後祀五方帝十六首

青帝降神，高安六變　四序伊始，三陽肇新。氣迎東郊，蟄戶咸春。功宣播殖，澤被生民。祝史正辭，昭事惟寅。

奠玉幣、酌獻，並用嘉安　條風始至，盛德在木。平秩東作，種獻穜穋。律應青陽，氣和玉燭。惠彼兆民，以介景福。

送神，高安　備物致用，薦羞神明。禮成樂舉，克享克禋。

酌獻，祐安　條風斯應，候曆維新。陽和啓蟄，品物皆春。箎簧協奏，簠簋畢陳。精羞豐薦，景福攸臻。

赤帝降神，高安　長贏戒序，候正南訛。功資蕃育，氣應淸和。鼎實嘉俎，樂備登歌。神其來享，降福孔多。

奠玉幣、酌獻，嘉安景祐用祐安，辭亦不同。　象分離位，德配炎精。景風協律，化神含生。百嘉茂育，乃順高明。神無常享，享于克誠。

送神，高安　籩豆有踐，黍稷惟馨。禮終三獻，神歸杳冥。

黃帝降神，高安　坤輿厚載，黃裳元吉。宅中居正，含章抱質。分王四季，其功靡秩。育此羣生，首茲六律。

奠玉幣、酌獻，嘉安景祐用祐安，辭亦不同。　中央定位，厚德惟新。五行攸正，四氣爰均。笙鏞以間，簠簋斯陳。爲民祈福，肅奉明禋。

送神，高安　土德居中，方輿配位。樂以送神，式申昭事。

白帝降神，高安　西顥騰晶，天地始肅。盛德在金，百嘉茂育。彍弩射牲，築場登穀。明靈格思，旌罕紛屬。

奠玉幣、酌獻，嘉安景祐用祐安，辭亦不同。　博碩肥腯，以炰以烹。嘉栗旨酒，有瀰斯盈。肴核惟旅，肅肅烝烝。吉蠲備物，享于克誠。

送神，高安　颷輪戾止，景燭靈壇。金奏繹如，白露溥溥。

黑帝降神，高安　隆冬戒序，歲曆順成。一人有慶，萬物由庚。有旨斯酒，有碩斯牲。報功崇德，正直聰明。

奠玉幣、酌獻，嘉安景祐用祐安，辭亦不同。　大儀斡運，星紀環周。三時不害，黍稷盈疇。克誠致享，品物咸羞。禮成樂變，錫祚貽休。

送神，高安　管磬咸和，禮獻斯畢。靈馭言旋，神降之吉。

紹興以後祀五方帝六十首

青帝降神，高安

圜鍾宮三奏　於神何司，而德于木？肅然顧歆，則我斯福。我祀孔時，我心載祗。匪我之私，神來不來。

黃鍾爲角，一奏　神兮焉居？神在震方。仁以爲宅，秉天之陽。神之來矣，道修以阻。望神未來，使我心苦。

太簇爲徵，一奏　神在途矣，習習以風。百靈後先，敢一不恭！奔走癘疫，祓除菑凶。顧瞻下方，逍遙從容。

姑洗羽一奏　温然仁矣，熙然春矣。龍駕帝服，穆將臨矣。我酒清矣，我肴烝矣。我樂備矣，我神顧矣。

升殿，正安　在國之東，有壇崇成。節以和樂，式降式登。潔我珮服，璆琳鏘鳴。匪壇斯高，曷妥厥靈？

青帝奠玉幣，嘉安　物之熙熙，胡爲其然。蒙神之休，迺敢報旃。有邸斯珪，有量斯幣。于以奠之，格此精意。

太昊氏位奠幣，嘉安　卜歲之初，我迎春祇。孰克侑饗，曰古宓戲。於皇宓戲，萬世之德。再拜稽首，敢愛斯璧。

奉俎，豐安　靈兮安留，煙燎既升。有碩其牲，有俎斯承。匪牲則碩，我德惟馨。緩節安歌，庶幾是聽。

青帝酌獻，祐安　百末布蘭，我酒伊旨。酌以匏爵，洽我百禮。帝居青陽，顧予嘉觴。右我天子，宜君宜王。

太昊酌獻，祐安　五德之王，誰實始之？功括造化，與天無期。酌我清酤，盥獻載飭。神鑒孔饗，天子之德。

亞、終獻，文安　貳觴具舉，承神嘉虞。神具醉止，眷焉此都。我歲方新，我畝伊殖。時暘時雨，繄神之力。

送神，高安　忽而來兮，格神鴻休。忽而往兮，神不予留。神在天兮，福我壽我。千萬春兮，高靈下墮。

赤帝降神，高安

圜鍾爲宮　離明御正，德協于火。有感其生，維帝是何。帝圖炎炎，貽福錫我。鑒于妥虡，高靈下墮。

黃鍾爲角　赤精之君，位于朱明。茂育萬物，假然長嬴。我潔我盛，我酈我誠。神其下來，雲車是承。

太簇爲徵　八卦相蕩，一氣散施。隆熾恢台，職神尸之。肅肅飈御，神戾于天。於昭神休，天子萬年。

姑洗爲羽　煒煒其光，炳炳其靈。肸其如容，欻其如聲。扇以景風，導以朱斿。我德匪類，神其安留。

升殿，正安　除地國南，有基崇崇。載陟載降，式虔式恭。燎煙既燔，𡾊晃斯容。神如在焉，肆予幽通。

赤帝奠玉幣，嘉安　太微呈祥，炎德克彰。佑我基命，格于明昌。一純二精，有嚴典祀。于以奠之，以介繁祉。

神農氏奠幣，嘉安　練以纁黃，有篚將之。肸蠁斯答，有神昭之。維神於民，實始貨食。歸德報功，敢怠王國。

奉俎，豐安　有牲在滌，從以騂牡。或肆或將，有潔其俎。神嗜飲食，飶飶芬芬。莫腆于誠，神其顧歆！

赤帝酌獻，祐安　四月維夏，兆于重離。帝執其衡，物無癘疵。於皇帝功，思樂旨酒。奠爵既成，垂福則有。

神農氏酌獻，祐安　猗歟先農，肇茲黍稷！既殖既播，有此粒食。秬鬯潔清，彝罇疏冪。竭我瑤斝，莫報嘉績。

亞、終獻，文安　盥爵奠斝，載虔載恭。籩豆靜嘉，於樂鼓鍾。禮備三獻，神具醉止。孰顯神德？揚光紛委。

送神，高安　神來何從？颭然靈風。神去何之？杳然幽蹤。伊神去來，霧散雲烝。獨遺休祥，山崇川增。

黃帝降神，高安

圜鍾爲宮　維帝奠位，乃咸于時。孰主張是，而樞紐之？彀我腹我，比予于兒。告我冠服，迨其委蛇。

黃鍾角　蕤無不在，日與我居。孰不可來？肸蠁斯須。象服龍駕，淵淵鼓桴。蕤不汝多，多汝意孚。

太簇徵　樂哉帝居，逝留無常！爾信我宅，爾中我鄉。乃眷茲土，於赫君王。翩然下來，去未遽央。

姑洗羽　澹兮撫琴，啾兮吹笙。神之未來，肅穆以聽。繽紛羽旄，姣服在中。神既來止，亦無惰容。

升殿，正安　民生地中，動作食息。與我周旋，莫匪爾極。捕鰈東海，搴茅南山。彼勞如何，矧升降閒！

黃帝奠玉幣，嘉安　萬櫝之寶，一絢之絲。孕之育之，誰爲此施？歸之后神，神曰何爲？不宰之功，蕩然四垂。

有熊氏位奠幣，嘉安　維有熊氏，以土勝王。其後皆沿，茲德用壯。黼黻幅舄，裳衣是創。幣之元纁，對此昭亮。

奉俎，豐安　王曰欽哉，無愛斯牲！登我元祀，亦有皇靈。以將以享，或剝或烹。大夫之俎，天子之誠。

黃帝酌獻，祐安　黍以爲翁，鬱以爲婦。以侑元功，以酌大斗。伊誰歆之？皇皇帝后。

伊誰嘏之？天子萬壽。

有熊氏酌獻，祐安　昔在緜邈，有人公孫。登政撫辰，節用良勤。所蓄旣大，所行宜遠。載其華罇，從以簫管。

亞、終獻，文安　羽觴更陳，厥味淸涼。飲之不煩，又有蔗漿。夜未艾止，明星浮浮。願言妥靈，靈兮淹留。

送神，高安　靈不肯留，沛兮將歸。玉節猋逝，翠旗並馳。顧瞻佇立，悵然佳期。蹇千萬年，無斁人斯。

白帝降神，高安

圜鍾爲宮　白藏啓序，庶彙向成。有嚴禋祀，用荅幽靈。風馬雲車，來燕來寧。洋洋在上，休福是承。

黃鍾角　素精肇節，金行固藏。氣沖炎伏，明河翻霜。功收有年，禮薦有章。祇越眇冥，鴻基永昌。

太簇徵　昊天之氣，揫斂萬彙。涓日潔齊，有嚴厥祀。有牲維肥，有酒維旨。神之燕娭，錫茲福祉。

姑洗羽　執矩斯兌，實惟素靈。受職儲休，萬寶以成。饗于西郊，奠玉陳牲。

侑以雅樂，來歆克誠。

升殿，正安　素猋諧律，西顥隨靈。肇復元祀，晨煬肅淸。下土層陔，嘉薦芳馨。以御蕃祉，介我西成。

白帝奠玉幣，嘉安　惟時素秋，肇舉元祀。禮備樂作，降登有數。洋洋在上，神既來止。神之格思，錫我繁祉。

少昊氏位奠幣，嘉安　西顥肅淸，羣生茂遂。有嚴報典，孔明祀事。珪幣告虔，神靈燕喜。賚我豐年，以錫民祉。

奉俎，豐安　洽禮既陳，諧音具舉。有滌斯牲，孔碩爲俎。維帝居歆，介我稷黍。樂哉有秋，鑒神之祜！

白帝酌獻，祐安　徂商肇祀，靈蓋孔饗。恭承嘉禧，湛瀹秬鬯。監此馨香，靈其安留。疇惠下民，匪靈之休。

少昊氏位酌獻，祐安　沆碭西顥，功載萬世。乘金宅兌，侑我明祀。嘉觴布蘭，牲玉潔精。神之燕虞，肅用有成。

亞、終獻，文安　肅成萬物，泬寥其秋。惟茲祀事，戾止靈斿。酌獻具舉，典禮是求。冀福斯民，黍稷盈疇。

送神，高安　沆碭白藏，順成萬寶。有來德馨，於昭神妥。露華晨晞，飈馭聿還。介我嗣歲，澤均幅員。

黑帝降神，高安

圜鍾爲宮　吉日壬癸，律中應鍾。國有故常，北郊迎冬。乃蕆祀事，必祗必恭。明默雖異，感而遂通。

黄鍾爲角　良月盈數，四氣推遷。帝於是時，典司其權。高靈下墮，降祉幅員。神之聽之，祀事罔愆。

太簇爲徵　北方之神，執權司冬。三時務農，於焉告功。禮備樂作，歸功于神。風馬來游，永錫斯民。

姑洗爲羽　天地閉塞，盛德在水。黑精之君，降福羡祉。洋洋在上，若或見之。齊莊承祀，其敢斁思。

升殿，正安　昧爽昭事，煌煌露光。滌溉蠲潔，容儀肅莊。牲肥酒旨，薦此芬芳。降陟有序，禮無越常。

黑帝奠玉幣，嘉安　晨曦未升，天宇肅穆。祗若元祀，將以幣玉。神之格思，三獻茅縮。明靈懌豫，下土是福。

高陽氏位奠幣，嘉安　飇馭雲蓋，神之顧歆。丕昭禮容，發揚樂音。祀事既舉，仰當神心。申以嘉幣，式薦誠諶。

奉俎，豐安　辰牡孔碩，奉牲以告。祕祝非祈，豐年宜報。至意昭徹，交乎神明。降福穰穰，用燕羣生。

黑帝酌獻，祐安　赫赫神游，周流八極。德馨上聞，於焉來格。不腆酒醴，用伸悃愊。神其歆之！民用嚮德。

高陽氏酌獻，祐安　十月納禾，民務藏蓋。不有神休，民罔攸賴。孟冬之吉，禮行不昧。神降百祥，昭著蓍蔡。

亞、終獻，文安　萬彙揫斂，時惟冬序。蠢爾黎氓，入此室處。酌獻告神，禮以時舉。賴此陰騭，民有所怙。

送神，高安　神之戾止，天門夜開。禮備告成，雲軿亟回。旗纛晻靄，萬靈喧豗。獨遺祉福，用澤九垓。

乾德以後祀感生帝十首

降神〔四〕，大安　和均玉管，政協璿衡。四序資始，萬物含生。皇猷允洽，至德惟明。爲民祈福，克致精誠。

太保行〔五〕，保安　衣冠儼若，步武有容。公卿濟濟，率禮惟恭。

罍洗，正安　昊天降康，云何以報？斯謀斯惟，雍雍灌鬯。身之潔兮，神斯來止。神之享兮，民斯福矣。

奠玉幣，慶安　籩豆有踐，玉帛斯陳。神無常享，享于精純。

奉俎，咸安　俎實具列，明德惟馨。肅容祗薦，神其降靈。

酌獻，崇安　樂調鳳律，酒浥犧尊。至靈斯御，盛德彌敦。

飲福，廣安　三陽戒律，萬彙騰精。既蘇昆蟲，畢達勾萌。具陳犧象，式薦誠明。錫以蕃祉，永保咸平。

亞、終獻，文安　大君有命，祀典咸脩。薦獻式敍，淑愼優柔。

徹豆，肅安以下二首，政和中製。　奉承明祀，惟羊惟牛。印盛于豆，備陳庶羞。鍾鼓喤喤，神具醉止。其徹嘉籩，永綏福祉。

送神，普安　既臨下土，復歸于天。神之報貺，受福無邊。

景祐祀感生帝二首

宣祖配位奠幣，皇安　濬發長源，粤惟始祖。五運協圖，萬靈來護。

酌獻，肅安　龍德而隱，源流則長。宜乎億祀，侑享彌昌。

元符祀感生帝五首

降神，大安六變。　二儀交泰，七政順行。四序資始，萬物含生。皇朝創業，盛德致平。爲民祈福，潔此精誠。

初獻升降，保安　冕旒儼若，步武有容。公卿濟濟，韶、濩邕邕。

帝位酌獻　樂和鳳律，酒奠犧尊。神明斯享，禮盛難論。

亞、終獻，文安　大君有命，闕典咸脩。帝歆明祀，佑聖千秋。

送神，普安　俯臨下土，迴復上天。觸類而長，荷福無邊。

帝位奠玉幣同前慶安，禧祖奠幣同景祐皇安，酌獻同景祐宣祖肅安，奉俎同熙寧咸安。

紹興以後祀感生帝十六首

降神，大安

圜鍾爲宮　炎精之神，飛軿碧落。駕以浮雲，丹書赤雀。禮備豆籩，樂諧簫勺。神具醉止，佑我景鑠。

黃鍾爲角　宋德惟火，神實司之。上儀申蕆，迎方重離。瑤幣告潔，秀華金支。啾啾神龍，來介繁禧。

太簇爲徵　於物司火，於方峙南。璇霄來下，羽衞毿毿。祠官祝釐，聯珮合簪。本支有衍，則百斯男。

姑洗爲羽　惟神之安，方解羽鑾。赤旂霞曳，從以炎官。居歆嘉薦，肸蠁靈壇。神之格矣，民訖多盤。

盥洗，保安　衝牙鏘鳴，肅容專精。交神之義，罔敢弗誠。設洗于阼，罍水惟淸。盥以致潔，感通神明。

升殿，保安　三陽交泰，日新惟良〔六〕。大建厥祀，茲報興王。禮嚴陟降，德薦馨香。聿懷嘉慶，降福穰穰。

感生帝位奠玉幣，光安　肅肅嚴祀，神幽必聞。騁駕臨饗，將歆飶芬。嘉玉陳幣，欽恭無文。永綏多祜，國祚何垠。

僖祖位奠幣，皇安　於穆文獻，景炎發祥。啓茲皇運，垂慶無疆。篚幣有陳，式昭肅莊。神之格思，如在洋洋。

奉俎，咸安　籩豆大房，秩秩在列。奉牲以告，旣全旣潔。樂均無爽，牲醴攸設。神兮燕娭，霓旌孑孑。

感生帝位酌獻，崇安　盛德在火，相我炎祚。典祀有常，牲玉維具。風馬雲車，翩翩來顧。式蕃帝祉，後昆有裕。

僖祖位酌獻，肅安　皇矣文獻，開國有先。德配感生，對越在天。練日得辛，來止靈壇。神其錫羡，瑞應猗蘭。

文舞退、武舞進，正安　苾苾芬芬，神具醉止。笙磬鏗鏘，干旄旖旎。鬷假無言，神靈惟喜。中錫蕃釐，暨我孫子。

亞、終獻，文安　偉炎厥初，緣感而系。慶衍式崇，昭融有契。樂功既譜〔七〕，觴獻斯繼。歆類不違，克昌百世。

徹豆，肅安　潔陳斯備，昭格惟禋。神歆以飫，宰徹其餕。清歌振曉，叶氣流春。永錫祚胤，以渥烝民。

送神，大安　豐祀孔飭，肅來自天。蘭尊既徹，飈馭載遄。騎雲縹緲，聆樂流連。惟邁惟顧，降福緜緜。

望燎，普安　禮文既洽，熏燎聿升。嘉氣四塞，丹誠上騰。惟類之應，惟福之興。永熾天統，億載靈承。

校勘記

〔一〕赫赫翼祖　按本書卷一太祖紀，趙匡胤祖父趙敬廟號翼祖，而據文義，此「翼祖」當指趙匡胤。本書卷一三三樂志紹興祀皇地祇樂章「於赫藝祖」句和「皇矣藝祖」句，都稱趙匡胤爲藝祖，此處「翼祖」疑「藝祖」之誤。

〔二〕明明翼祖　疑「翼祖」當作「藝祖」。

〔三〕饗時宋德　「宋」，續通考卷一一二作「宗」。

〔四〕降神　「神」原作「福」，據本書卷一二六樂志、宋會要樂六之一四改。

〔五〕太保行　宋會要樂六之一四作「太尉行」。

〔六〕日新惟良　「新」，宋會要樂六之一五作「辛」，疑是。

〔七〕樂功既諧　「功」，宋會要樂六之一五作「均」。

宋史卷一百三十三

志第八十六

樂八 樂章二

明堂大饗　皇地祇　神州地祇　朝日夕月　高禖　九宮貴神

景祐大享明堂二首

眞宗配位奠幣，誠安　思文聖考，對越在天。侑神作主，奉幣申虔。

酌獻，德安　偃革興文，封巒考瑞。威烈巍巍，允膺宗祀。

皇祐親享明堂六首

降神，誠安　維聖享帝，維孝嚴親。肇圖世室，躬展精禋。鏞鼓既設，籩豆既陳。至誠欽感，保格上神。

奠玉幣，鎭安　乾亨坤慶育函生，路寢明堂致潔誠。玉帛非馨期感格，降康億載保登平。

酌獻，慶安　肅肅路寢，相維明堂。二儀鑒止，三聖侑旁。靈期訢合，祠節齊莊。至誠並貺，降福無疆。

三聖配位奠幣，信安　祖功宗德啓隆熙，嚴配交修太室祠。圭幣薦誠知顧享，本支錫羡固邦基。

酌獻，孝安　藝祖造邦，二宗紹德。肅雍孝享，登配圜極。先訓有開，菲躬何力！歆馨錫羡，保民麗億。

送神，誠安　我將我享，辟公顯助。獻終豆徹，禮成樂具。飾駕上遊，升煙高騖。神保聿歸，介兹景祚。

嘉祐親享明堂二首

降神，誠安　爗爗房、心，下照重屋。我嚴帝親，匪配之瀆。西顥沆碭，夕景已肅。靈其來娭，嘉薦芳郁。

送神，誠安　明明合宫，莫尊享帝。禮樂熙成，精與神契。桂尊初闌，羽駕倏逝。遺我嘉祥，於顯萬世。

熙寧享明堂二首

英宗奠幣，誠安　於皇聖考，克配上帝。永言孝思，昭薦嘉幣。

酌獻，德安　英聲邁古，德施在民。允秩宗祀，賓延上神。

元符親享明堂十一首

皇帝升降，儀安　嚴父配天，孝乎明堂。與奠升階，降音以將。天步有節，帝容必莊。辟公憲之，禮無不臧。

上帝位奠玉幣，鎮安　聖能享帝，孝克事親。於皇宗祀，盛節此陳。何以薦虔？二精有煒。何以致祥？上天鑒止。

神宗奠幣，信安　合宮禮備，時維哲王。堂筵四敞，明德馨香。聖考來格，降福穰穰。承承繼繼，萬祀其昌。

奉俎，禧安　奕奕明堂，天子卽事。奠我聖考，配于上帝。凡百有職，疇敢不祗！俎潔牲肥，其登有儀。

上帝位酌獻，慶安　惟禮不瀆，所以嚴親。惟孝不匱，所以教民。陟配文考，享于大神。重禧累福，祚裔無垠。

配位酌獻，德安　隆功駿德，兩有烈光。陟配宗祀，惠我無疆。

退文舞、迎武舞，穆安　舞以象功，樂惟崇德。文經萬邦，武靖四國。一張一弛，其儀不忒。神鑒孔昭，孝思維則。

亞獻，穆安　於昭盛禮，嚴父配天。盡物盡誠，莫匪吉蠲。重觴既薦，九奏相宣。神介景福，億萬斯年。

飮福，胙安　莫尊乎天，莫親乎父。既享既侑，誠申禮舉。戛擊堂上，八音始具。天子億齡，飮神之胙。

徹豆，欽安　穆穆在堂，肅肅在庭。於顯辟公，來相思成。神既歆止，有聞無聲。錫我休嘉，燕及羣生。

歸大次，憩安　有奕明堂，萬方時會。宗子聖考，作帝之配。樂酌虞典，禮從周志。鳌事既成，於皇來曁。

大觀宗祀明堂五首

奠玉幣，鎭安　交于神明，內心爲貴。外致其文，亦效精意。嘉玉既陳，將以量幣。肅肅雝雝，惟帝之對。　有邦事神，享帝爲尊。內心致德，外示彌文。嘉玉效珍，薦以量幣。恭欽伊何？惟以宗祀。

配位奠幣，信安　肇祀明堂，告成大報。顒顒祗祗，率見昭考。涓選休辰，齊明朝夕。於惟皇王，孝思罔極。

酌獻，孝安　若昔大猷，孝思維則。永言孝思，丕承其德。於昭明威，侑于上帝。賚我思成，永綏福祉。

配位酌獻，大明　於昭皇考，大明體神。憲章文思，宜民宜人。嚴父之道，陟配于天。躬行孝告，有孚于先。

紹興親享明堂二十六首

皇帝入門，儀安　惟我有宋，昊天子之。三年卜祀，百世承基。施及沖眇，奉牲以祠。敢忘齋栗，偏舉上儀。

升堂，儀安　於赫明堂，肇稱禋祀。祖宗來游，亦侑于帝。九州駿奔，百辟咸事。斂時純休，錫我萬世。

降神，誠安　噫神何親？惟德是輔。玉牲具陳，誠則來顧。我開明堂，遵國之故。尚蒙居歆，以篤宗祐。

盥洗，儀安　肇開九筵，維古之倣。皇皇大神，來顧來享。庶儀交修，百辟顯相。徹誠自中，交際天壤。

上帝位奠玉幣，鎮安　皇皇后帝，周覽四方。眷我前烈，燕娭此堂。金支秀發，黼帳高張。世歆明祀，曰宋是常。

皇地祇位奠玉幣，嘉安　至哉坤元，持載萬物！繼天神聖，覩世治忽。頌祇之堂，薦以圭獻。孰爲邦休，四海無拂？

太祖位奠幣，廣安　推尊太元，重屋爲盛。誰其配之？我祖齊聖。開基握符，正位凝命。於萬斯年，孝孫有慶。

太宗位奠幣，化安　帝神來格，靡祀不從。侑坐而食，獨升祖宗。在庭祇肅，展采錯重。三獻之禮，百年之容。

徽宗位奠幣，泰安　於穆帝臨，至矣元造！克配其儀，惟我文考。仁恩廣覃，奕葉永保。宗祀惟初，以揚孝道。

皇帝還位，儀安　耳聽鏘玉，目瞻熉珠。樂備周奏，儀參漢圖。神人並況，天地同符。亦既見帝，王心則愉。

尙書捧俎，禧安　展牲登俎，簫韶在庭。羞陳五室，意徹三靈。匪物斯享，惟誠則馨。永作祭主，神其億寧。

昊天上帝位酌獻，慶安　日在東陸，維時上辛。肇開陽館，恭禮尊神。蒼玉輝夜，紫煙煬晨。祖宗並配，天地同禋。

皇地祇位酌獻，彰安　地禩泰折，歌同我將。黝牲純潔，絲竹發揚。博厚而久，含洪以光。扶持宗社，日篤不忘。

太祖位酌獻，孝安　一德開基，百年垂統。中天禘郊，薄海朝貢。寶龜相承，器鼎加重。澤深慶綿，帝復命宋。

太宗位酌獻，韶安　紹天承業，繼世立功。帷幄屢勝，車書始同。武掃氛霧，文垂日虹。遺澤所及，孰知其終！

徽宗位酌獻，成安　欽惟合宮，承神至尊。祗戒專精，儼然若存。奠茲嘉觴，苾蘭其芬。發祉隤祥，以子以孫。

皇帝還小次，儀安　匏尊既舉，鞂席未移。有德斯顧，靡神不娭。物情肅穆，天宇淸夷。宅中受命，永復邦基。

文舞退、武舞進，穆安　神之欻至，慶陰杳冥。風馬雲車，恍若有承。備形聲容，於昭文明。庶幾嘉虞，來享來寧。

亞獻，穆安　四阿有嚴，神既戾止。備物雖儀，潔誠惟己。有來振振，相我熙事。載酌陶匏，以成毖祀。

終獻，穆安　誠一爲專，禮三而稱。孰陪邦祠？惟我同姓。金絲屢調，圭玉交映。是謂熙成，福來神聽。

皇帝飲福，胙安　孰謂天遠，至誠則通。孰謂地厚，與天則同。惠我純嘏，克成大功。握圖而治，如日之中。

徹豆，歆安　工祝告休，筮鏞云闋。酒茅既除，牲俎斯徹。幽明罔恫，中外咸悅。禮成伊何？天地同節。

送神，誠安　奕奕宗祀，煌煌禮文。高靈下墮，精意升聞。熙事既畢，忽乘青雲。敢拜明貺，永淸世氛。

望燎，儀安　載酌載獻，以純以精。歌傳夜誦，物備秋成。報本斯極，聽卑則明。願儲景貺，福我羣生。

望瘞，儀安　禮協豐融，誠交彷彿。辟公受膰，宗祀臨瘞。貽我來牟，以興嗣歲。山川出雲，天地同氣。

還大次，憩安　應天以實，已事而竣。氈案朝帝，竹宮拜神。靈光下燭，協氣斯陳。福祿時萬，基圖日新。

紹興、淳熙分命館職定撰十七首

降神，景安

圜鍾爲宮　上直房、心，時惟明堂。配天享親，宗祀有常。盛德在金，日吉辰良。享我克誠，來格來康。

黄鍾爲角　合宮盛禮，金商令時。備成熙事，䖍揚上儀。駿奔在庭，精意肅祇。來享嘉薦，神靈燕娭。

太簇爲徵　休德孔昭，靈承上帝。孝極尊親，嚴配于位。嘉薦芬芳，禮無不備。神其格思，享茲誠至。

姑洗爲羽　霜露既降，孝思奉先。陟降上帝，禮隆九筵。有馨黍稷，有肥牲牷。神來燕娭，想像肅然。

盥洗，正安　禮經之重，祭典爲宗。上公攝事，進退彌恭。庶品豐潔，令儀肅雍。百祥萃止，惟吉之從。

升殿，正安　皇祖配帝，歲祀明堂。冕服陟降，玉佩瑲瑲。疾徐有節，進止克莊。維時右享，日靖四方。

上帝位奠玉幣，嘉安　大享季秋，百執揚厲。明明太宗，赫赫上帝。祇薦忱誠，式嚴圭幣。祚我明德，錫茲來裔。

太宗位奠幣，宗安　穆穆皇祖，丕昭聖功。聲律身度，樂備禮隆。祇薦量幣，祀于合宮。

玉帛萬國，驩心載同。

捧俎，豐安　備物昭陳，工祝告具。維羊維牛，孔碩孔庶。有嘉維馨，加食宜飫。斂時五福，永膺豐胙。

上帝位酌獻，嘉安　煒彼房、心，明明有融。維聖享帝，禮行合宮。祀事時止，粢盛潔豐。昭受申命，萬福攸同。

太宗位酌獻，德安　受命溥將，勳高百王。寰宇大定，聖治平康。有嚴陟配，宗祀明堂。神保是格，申錫無疆。

文舞退、武舞進，正安　温厚嚴凝，於皇上帝。文德武功，列聖並配。舞綴象成，肅雍進退。秉翟踆踆，總干蹈厲。

亞、終獻，文安　總章靈承，維國之常。禮樂宣鬯，降升齊莊。竭誠盡志，薦茲累觴。於昭在上，申錫無疆。

徹豆，肅安　於皇上帝，肅然來臨。恭薦芳俎，以達高明。烹飪既事，享于克誠。以介景福，惟德之馨。

送神，景安　帝在合宮，鑒觀盛禮。黍稷惟馨，神心則喜。禮備樂成，亦既歸止。億萬斯年，以貺多祉。

高宗位奠幣，宗安　赫赫高廟，于堯有光。覆被萬祀，冠冕百王。有量斯幣，蠲潔是將。在帝左右，維時降康。

酌獻，德安　炎運中興，蒼生載寧。九秩燕豫，三紀豐凝。精祀上帝，陟配威靈。錫羨胙祉，萬世承承。

孝宗親享明堂樂曲並同，惟天地位奠幣、酌獻及太祖酌獻、皇帝入小次、還大次、亞獻、送神等篇，各有刪潤。又以太祖奠幣曲改名廣安，酌獻改名恭安，太宗奠幣改名化安，酌獻改名英安。

景德祀皇地祇三首

降神，靜安　至哉厚德，陟配天長！沈潛剛克，廣大無疆。資生萬物，神化含章。同和八變，神靈效祥。

奠玉幣，酌獻，嘉安　於昭祀典，致享坤儀。備物咸秩，柔祇格思。功宣敏樹，日益鴻禧。持載品彙，率土攸宜。

送神，靜安　妙用無方，倏來忽逝。蠲潔寅恭，式終禋瘞。

景祐夏至祀皇地祇二首仁宗御製。

太祖奠幣，恭安　赫矣淳耀，俶載帝基！一戎以定，萬國來儀。寅恭潔祀，博厚皇祇。威靈攸在，福祿如茨。

酌獻，英安　丕命惟皇，萬物咸覩。卜年邁周，崇功冠禹。有爗炎精，大昌聖祚。酌鬯祈年，永錫繁祜。

熙寧祀皇地祇十二首

迎神，導安　昭靈積厚，混混坤輿。配天作極，陰慘陽舒。齊明薦享，百福其儲。庶幾來止，風馬雲車。

升降，靖安　有來穆穆，臨此方丘。其行風動，其止霆收。躬事匪懈，豐盛潔羞。百昌咸殖，允矣神休！

奠幣，鼇安　純誠昭融，芳美嘉薦。肅將二精，以享以奠。休光四充，靈祇來燕。其祥伊何？永世錫羨。

太祖，肇安　於皇烈祖，維帝所興。光輝宗祀，如日之升。告靈作配，孝享烝烝。錫茲祉福，百世其承。

司徒奉俎，承安　我修祀事，於何致誠？罔敢怠佚，視茲碩牲。納烹薦俎，侑以和聲。格哉休應，世濟皇明。

酌獻，和安　猗嗟富媪，博厚含弘。發榮敷秀，動植茲豐。爰酌茲酒，肸蠁交通。衆祥萃止，垂祜無窮。

太祖，佑安　光大含弘，坤元之力。海宇咸寧，烈祖之德。作配方壇，不僭不忒。子孫其承，毋替厥則。

飮福，禔安　載登壇阼，載酌尊彝。牲酒嘉旨，福祿純熙。其福維何？萬物咸宜。其祿維何？永承神禧。

退文舞、迎武舞，威安　雍雍肅肅，建我采旄。舞以玉戚，不吳不敖。其將其肆，脾臄嘉肴。何以侑樂？鍾鼓管簫。

亞、終獻，儀安　折俎在籩，胾羹在豆。何以酌之？酒醴是侑。何以錫之？貽爾眉壽。何以格之？永爾康阜。

徹豆，豐安　曳我黼黻，履舄接武。鏘我珩璜，降升圉圉。其將肆兮，旣日不侮。其終徹兮，恭欽惟主。

送神，阜安　神兮來下，享此苾芬。酌獻雍雍，執事孔勤。神之還矣，忽乘飛雲。遺我祺祥，物象忻忻。

常祀皇地祇五首

迎神，寧安 八變。 坤元之德，光大無疆。一氣交感，百物阜昌。吉蠲致享，精明是將。介茲景福，鼎祚靈長。

升降，正安 禮經之重，祭典爲宗。上公攝事，登降彌恭。庶品豐潔，令儀肅雍。百祥萃止，維吉之從。

奉俎，豐安 禮崇禋祀，神鑒孔明。牲牷博腯，以炰以烹。馨香蠲潔，品物惟精。錫以純嘏，享茲至誠。

退文舞、迎武舞，威安 進旅退旅，載揚干揚。不愆于儀，容服有章。式綏式侑，神保是聽。鼓之舞之，神永安寧。

送神，寧安 物備百嘉，樂周八變。克誠是享，明德斯薦。神鑒孔昭，蕃禧錫羨。回馭飄然，邈不可見。

紹興祀皇地祇十五首

迎神，寧安

函鍾爲宮 至哉厚德，物生是資！直方維則，翕闢攸宜。於昭祀典，致享坤儀。禮罔不答，神之格思。

太簇爲角 蕆事方丘，舊典時式。至誠感神，馨非黍稷。肸蠁來臨，鑒茲明德。

永錫坤珍，時萬時億。

姑洗爲徵　至哉坤元，乃順承天！厚德載物，含洪八埏。日北多暑，祀儀吉蠲。式昭毋事〔一〕，敢告恭虔。

南呂爲羽　蕆事方丘，情文孔時。名山大澤，侑祭無遺。牲陳黝犢，樂備咸池。柔祇皆出，介我繁禧。

盥洗，正安　於穆盛禮，肅肅在宮。蕆事有初，直于東榮。滌濯是謹，惟寅惟淸。祗薦柔嘉，享茲克誠。

升殿，正安　景風應時，聿嚴毖祀。用事方丘，鏘鏘濟濟。登降有節，三獻成禮。神其格思，錫我繁祉！

正位奠玉幣，嘉安　坤元博厚，對越天明。展事方澤，亶惟顧歆。嘉玉量幣，祗薦純精。錫我繁祉，燕及函生。

太祖位奠幣，定安　毖祀泰折，柔祇是承。於赫藝祖，道格三靈。式嚴配侑，厚德惟寧。爰昭薦幣，享于克誠。

捧俎，豐安　丕答靈貺，蕆事方丘。豆登在列，鼎俎斯儔。牲牷告具，寅畏彌周。柔祇昭格，颷至雲流。

正位酌獻，光安　祗事坤元，飭躬敢憚！爰潔粢盛，載嚴圭瓚。淸明內融，嘉旨外粲。介我繁釐，時億時萬。

太祖位酌獻，英安　皇矣藝祖，九圍是式！至哉柔祇，萬彙允殖！保玆嘉邦，介我黍稷。酌鬯告虔，作配無極。

文舞退、武舞進，正安　於穆媼神，媲德彼天。我修歲祀，以莫不虔。肆陳時夏，干羽相宣。靈其來游，降福綿綿。

亞、終獻，文安　禮有祈報，國惟典常。籩豆豐潔，降升齊莊。備物致志，式薦累觴。昭格來享，自天降康。

徹豆，娛安　承天效法，其道貴誠。牲羞黃犢，薦德之馨。芳俎告畢，禮備樂盈。既靜既安，庶物露生。

送神，寧安　至厚至深，其動也剛。精誠默通，或出其藏。神之言歸，化斯有光。相我炎圖，萬世無疆。

宋初祀神州地祇三首

降神，靜安　膴膴郊原，茫茫寓縣。畫野分疆，禹功疏奠。靈祇是臻，豆籩祗薦。幽贊皇圖，視之不見。

奠玉幣，酌獻，嘉安　肹蠁儲靈，肅恭用幣。鏘洋導和，洪休允契。嘉氣雲蒸，浹于華裔。式薦坤珍，聿符明世。

送神，靜安　獻奠云畢，純嘏祁祁。威靈藏用，邈矣何之？

景祐孟冬祭神州地祇二首

太宗位奠幣，化安　削平僞邦，嗣興鴻業。禮樂交修，仁德該洽。柔祇薦享，量幣攸攝。侑坐延靈，神休允答。

酌獻，韶安　有煒彌文，克隆宏構。貽此燕謀，具膺多祐。嶰律吹葶，彝尊奠酒。佐乃沈潛，永祈豐楙。

元符祭神州地祇二首

迎神，寧安八變。　膴膴浚邦，皇天是宅。必有幽贊，聰明正直。布列籩豆，考擊金石。中外謐寧，緊神之力。

送神，寧安　都邑浩穰，民物富盛。主以靈祇，昭乃丕應。玉帛牲牷，鼓鍾筦磬。祗薦攸歆，歸于至靜。

紹興祀神州地祇十六首

迎神，寧安

函鍾爲宮　芒芒下土，恢恢方儀。富媪統攝，潛運八維。爰稱元祀，告備吉時。揭兹虔恭，僾其格思。

太簇爲角　洪惟坤元，道著品物。上配紫旻，厚載其德。良月肇蕆，祭器布列。必先皇祇，以迓景福。

姑洗爲徵　坱圠無垠，磅礴罔測。山盈川沖，自生自殖。其報惟何？率禮靡忒。億萬斯年，功被無極。

南呂爲羽　翕闢以時，協氣陶蒸。播之金石，鏘厥和聲。冥冥昒昒，孔享純誠。是聽是娭，邦基永寧。

盥洗，正安　晨煬致煙，渟然四施。飄飄風馬，彷彿來斯。祀事維清，沃之盥之。載涓載肅，罔有愧辭。

升殿，正安　崇崇其壇，屹矣層級。佩約步趨，降登中節。左瞻右睨，祥風藹集。斿旆羽紛，昭鑒翊翊。

神州地祇位奠玉幣，嘉安　璇璣諧序，籍斂薦嘉。昭答柔祇，迭奏雅歌。幣琮以侑，儀腆氣和。靈其溥臨，容與燕嘉。

太宗位奠幣，嘉安　穆穆令聞，溥博有容。澤被萬宇，靡不率從。恭陳量幣，明薦其衷。禮亦宜之，享德攸同。

奉俎，豐安　肅肅嘉承，唯德其物。工祝以告，繄民之力。神哉廣生，孔蕃且碩！奠于嘉壇，吐之則弗。

神州地祇位酌獻，嘉安　恭承明祀，嘉薦令芳。亦有桂酒，誠慤是將。瑟瓚以酌，效懽厥觴。庶乎燕享，永懷不忘。

太宗位酌獻，化安　宗德含洪，方祇可儗。闢土開疆，八埏同軌。是用作配，有永無紀。祼獻以享，茂格蕃祉。

文舞退、武舞進，文安　奕奕綴兆，咸池孔彰。丕闡文德，靡忘發揚。進退有節，乃容之常。樂備爾奏，燁燁榮光。

亞、終獻，文安　縮酌以祼，既旨且多。三獻有序，情文愈加。黃祇臨享，錫以休嘉。廣茲靈祲，覃及邇遐。

徹豆，成安　展牲告全，迺登于俎。竣事而徹，侑以樂語。奉釐宣室，祚我神主。斂敷庶民，並受其祜。

送神，寧安　雲馭洋洋，既歆既顧。悠然聿歸，曷求厥路。欽想頌堂，跛立以慕。賚我肸釁，莫不懌豫。

望瘞，正安　神罔怨恫，燕其有喜。蕆事告成，爰修瘞禮。樂闋儀備，休氣四起。尙謹不
　忒，念終如始。

景德朝日三首

降神，高安六變。　陽德之母，羲御寅賓。得天久照，首茲三辰。正辭備物，肅肅振振。
　淪精降監，克享明禋。

奠玉幣酌獻，嘉安　醴齊良潔，有牲斯純。大采玄冕，乃昭其文。王宮定位，粢盛苾芬。
　民事以敍，盛德升聞。

送神，高安　縣象著明，照臨下土。降福穰穰，德施周普。

夕月三首

降神，高安六變。　凝陰稟粹，照臨八埏。麗天垂象，繼日代明。一氣資始，四時運行。
　靈祇昭格，備物薦誠。

奠玉幣、酌獻，嘉安　夕耀乘秋，功存寓縣。金奏在縣，以時致薦。祀事孔寅，明靈降眷。
　潔粢豐盛，倉箱流衍。

送神，高安　夙陳籩豆，潔誠致祈。垂休保佑，景祚巍巍。

大觀秋分夕月四首

降神，高安　至陰之精，虧而復盈。輪高僊桂，階應祥蓂。玉兔影孤，金莖露溢。其駕星車，顧于茲夕。

奠玉幣　玉鈎初彎，冰盤乍圓。扇掩秋後，烏飛枝邊。精凝蟾蜍，輝光嬋娟。歆于明祀，弭芳節焉。

酌獻　名稽漢儀，歌參唐宗。往于卿少，乘秋氣中。周天而行，如姊之崇。可飛霞佩，下瑠璃宮。

送神　四扉大開，五雲車立。霓裾娣從，風翿童執。搖曳胥來，鏘洋爰集。歆我嚴禋，西面以揖。

紹興朝日十首

降神，高安　圜鍾爲宮　玄鳥既至，序屬春分。朝于太陽，厥典備存。載嚴大采，示民有尊。揚光下燭，煜爚東門。

黃鍾爲角　升暉麗天，陽德之母。率無頗偏，兼燭下土。恭事崇壇，禮樂具舉。

頓御六龍，裴回容與。

太簇爲徵　周祀及闇，漢制中營。肸蠁是屆，禮神以兄。我潔斯璧，我肥斯牲。神兮燕享，鑒觀孔明。

姑洗爲羽　屹爾王宮，泛臨翊翊。惠此萬方，豈惟五色。以修陽政，以習地德。雲景杳冥，施祥無極。

初獻升殿，正安　天宇四霽，嘉壇聿崇。肅祗嚴祀，登降有容。仰瞻曜靈，位居其中。既安既妥，沛哉豐融！

奠玉幣，嘉安　物之備矣，以交於神。時惟炎精，不忘顧歆。經緯之文，璆琳之質。燦然相輝，其儀秩秩。

奉俎，豐安　扶桑朝暾，和氣肸飭。奉此牲牢，爲俎孔碩。芬馨進聞，介我黍稷。所將以誠，茲用享德。

酌獻，嘉安　匏爵斯陳，百味旨酒。勺以獻之，再拜稽首。鍾鼓在列，靈方安留。眷然加薦，惟時之休。

亞、終獻，文安　禮罄沃盥，誠意肅將。包茅是縮，冀畢重觴。煥矣情文，既具醉止。熙事備成，靈其有喜。

送神，禮安　羲和駕兮，其容杲杲。將安之兮？言歸黃道。光赫萬物，無古無今。人君之表，咸仰照臨。

夕月十首

降神，高安

圜鍾爲宮　金行告遒，玉律分秋。禮蕆西郊，毖祀聿修。精意潛達，永孚于休。神之聽之，爰格飈斿。

黃鍾爲角　時維秋仲，夜寂天淸。寘嚴姊事，用答陰靈。壇壝斯設，黍稷惟馨。雲車來下，庶歆厥誠。

太簇爲徵　遡日著明，麗天作配。潔誠以祠，禮行肅拜。光凝冕服，氣肅環珮。庶幾昭格，祗而不懈。

姑洗爲羽　穆穆流輝，太陰之精。盈虧靡忒，寒暑以均。克禋克祀，揆日涓辰。牲碩酒旨，來燕來寧。

升殿，正安　猗歟崇基，右平左城！祗率典常，屆茲秋夕。陟降惟寅，威儀抑抑。神其鑒觀，禋簡是集。

奠玉幣，嘉安　少采陳儀，實曰坎祭。禮備樂舉，嚴恭將事。于以奠之，嘉玉量幣。神兮昭受，陰騭萬彙。

奉俎，豐安　穀旦其差，有牲在滌。工祝致告，爲俎孔碩。肸蠁是期，祚我明德。備茲孝欽，式和民則。

酌獻，嘉安　白藏在序，享惟其時。躬卽明壇，禮惟載祗。斟以瑤爵，神靈燕娭。歆馨顧德，錫我蕃釐。

亞、終獻，文安　肅雍嚴祀，聖治昭彰。淸酒旣載，或肆或將。禮匝三獻，終然允臧。神具醉止，其樂且康。

送神，理安　歌奏云闋，式禮莫愆。以我齊明，罄其吉蠲。神保聿歸，降康自天。蘿圖永固，億萬斯年。

熙寧以後祀高禖六首

降神，高安六變。　容臺講禮，禖宮立祠。司分届後，帶韣陳儀。嘉祥萃止，靈馭來思。皇支蕃衍，永固邦基。

升降，正安　郊禖之應，肇自生商。誕膺寶命，濬發其祥。天材蕃衍，德稱君王。本支萬世，與天無疆。

奠玉幣，嘉安　昔帝高辛，先禖肇祀。爰揆仲陽，式祈嘉祉。陳之犧牲，授以弓矢。敷祐皇宗，施于孫子。

酌獻，祐安　昭薦精衷，靈承端命。青帝顧懷，神禖儲慶。祚以蕃昌，協于熙盛。螽斯衆多，流于雅詠。

亞、終獻，文安　赫赫高禖，萬世所祀。其德不回，錫茲福祉。蕃衍椒聊，和平芣苢。傳類降康，世濟其美。

送神，理安　禮奠蠲衷，祭儀竣事。丕擁靈休，蕃衍皇嗣。

紹興祀高禖十首

降神，高安

圜鍾爲宮　聿分春氣，施生在時。禖宮肇啓，精意以祠。禮儀告備，神其格思！厥靈有赫，錫我繁釐。

黃鍾爲角　眷此尊祀，實惟仲春。青圭束帛，克祀克禋。庶蒙嘉惠，嗣續詵詵。神之降鑒，雲車來臻。

太簇爲徵　猗歟禖宮，祀典所貴！粤自艱難，禮或弗備。以迄于今，始建壇壝。願戒雲車，歆此誠意。

姑洗爲羽　春氣肇分，萬類滋榮。惟此祀事，皆象發生。求神以類，式昭至誠。庶幾來格，子孫繩繩。

升壇，正安　有奕禖宮，在國之南。壇壝既設，威儀孔嚴。登祀濟濟，神兮顧瞻。佑我皇祚，宜百斯男。

奠玉幣，嘉安　青律載陽，有鳦頡頏。祈我繁祉，立子生商。三牲既薦，玉帛是將。克禋克祀，有嘉其祥。

奉俎，豐安　祗祓禖壇，潔蠲羊豕。博碩肥腯，爰具牲醴。執事駿奔，肅將俎几。神其顧歆，永錫多子。

青帝位酌獻，祐安伏羲、高辛酌獻並同。　瑞鳦至止，祀事孔時。酌以清酒，祼獻載祗。神具醉止，介我蕃禧。乃占吉夢，維熊維羆。

亞、終獻，文安　中春涓吉，蔵事禖祠。禮備樂作，籩豆孔時。貳觴畢舉，薦獻無違。庶幾神惠，祥啓熊羆。

送神，理安　嘉薦令芳，有嚴禋祀。神來燕娭，亦既醉止。風馭言還，栗然欻起。以祓以除，錫我蕃祉。

景德祀九宮貴神三首

降神，高安　倬彼垂象，照臨下土。躔次運行，功德周普。九宮旣位，惟德是輔。神之至上，皇皇斯覿。

奠玉幣，酌獻，嘉安　靈廼旣肅，明神旣秩。在國之東，協日之吉。升歌有儀，六變中律。懷和萬靈，降茲陰騭。

送神，高安　祗薦有常，惟神無方。回飈整馭，垂休降祥。

元祐祀九宮貴神二首

降神，景安六變。　上天貴神，九宮設位。功德及物，乃秩明祀。望拜紫壇，赫然靈氣。奠玉薦幣，歆之無愧。

送神，景安　天之貴神，推移九宮。厥位靡常，降康則同。來集于壇，顧歆恪恭。歌以送之，飈靜旋穹。

紹興祀九宮貴神十首

降神，景安　圜鍾爲宮　紫闕幽宏，惟神靈尊。輔成泰元，贊役乃坤。曰雨曰暘，絪蕴調紛。享薦隕光，蒙祉如屯。

黃鍾爲角　載陽衍德，農祥孔昭。賚茲元嘏，穰穰黍苗。象輿眇冥，金奏遠姚。無閟厥靈，丹衷匪恌。

太簇爲徵　於赫九宮，天神之貴。煌煌彪列，下土是蒞。幽贊高穹，陰隲萬類。肅若舊典，有嚴祗事。

姑洗爲羽　練時吉良，聿崇明祀。粢盛潔豐，牲碩酒旨。肅唱和聲，來燕來止。嘉承天休，賚及含齒。

初獻升壇，正安　於昭毖祀，周旋有容。歷階將事，趨進鞠躬。改步如初，沒階彌恭。左城右平，陟降雍雍。

太一位奠玉幣，嘉安　煌煌九宮，照臨下土。陰隲庶類，功施周普。恪修祀典，禮備樂舉。嘉玉量幣，馨非稷黍。攝提、權星、招搖、天符、青龍、咸池、太陰、天乙位，樂曲並同。

奉俎，豐安　靈鑒匪遠，誠心肅祗。是烝是享，俎實孔時。禮行樂奏，肸蠁是期。雲車風馬，神其燕娭。

太一位酌獻，嘉安　惟天丕冒，彪列九神。財成元化，陰隲下民。有酒斯旨，登薦苾芬。昭哉降鑒，茀祿來臻！九位並同。

亞、終獻，文安　均調大化，陰隲下民。駿功有赫，誕舉明禋。嘉觴中貳，執事惟寅。清明邕矣，福祿攸臻。

送神，景安　薦獻有序，降登無違。禮樂備舉，昭格燕娭。雲車縹緲，神日還歸。報以景貺，翊我昌期。

校勘記

〔一〕式昭毋事　此樂章歌頌坤德，「毋」疑當作「母」。

宋史卷一百三十四

志第八十七

樂九 樂章三

太廟常享　禘祫　加上徽號　郊前朝享　皇后別廟

建隆以來祀享太廟一十六首

迎神，禮安　肅肅清廟，奉祠來詣。格思之靈，如在之祭。克謹威儀，載嚴容衞。降福孔皆，以克永世。

皇帝行，隆安　工祝升階，賓尸在位。祗達孝思，允修祡祀。顯相有儀，克恭乃事。儼恪其容，通此精意。

奠瓚用瑞木　木符啓瑞，著象成文。於昭大號，協應明君。靈命有屬，鴻禧洞分。歌以升薦，休嘉洽聞。

又馴象　嘉彼馴象，來歸帝鄉。南州毓質，中區效祥。仁格巨獸，德柔遐荒。有感斯應，神化無方。

又玉烏　素烏爰止，淳精允臧。名符瑞牒，色應金方。潔白容與，翹英奮揚。孝思攸感，皇德逾張。

奉俎，豐安　維犧維牲，以炰以烹。植其靴鼓，潔彼鉶羹。孔碩茲俎，於穆厥聲。肅雍顯相，福祿來成。

酌獻僖祖室，大善　湯湯洪河，經啓長源。鬱鬱嘉木，挺生本根。大哉崇基，出乎慶門。發祥垂裕，永世貽孫。

順祖室，大寧　元鍾九千，生於仲呂。崇臺九層，起於累土。赫日之升，明夷爲主。孝孫作帝，式由祖武。

翼祖室，大順　明明我祖，積德攸宜。肇繼瓜瓞，將隆本支。爰資慶緒，式昭帝基。於穆清廟，永洽重熙。

宣祖室，大慶　艱難積行，緜長鍾慶。同人之時，得主乃定。旣敍宗祧，乃修舞詠。經武開先，永昭丕命。

太祖室，大定　猗歟太祖，受命于天！化行區宇，功溢簡編。武威震耀，文德昭宣。開基垂統，億萬斯年。

太宗室，大盛　赫赫皇運，明明太宗。四隩咸暨，一變時雍。睿文炳焕，聖德温恭。千齡萬祀，永播笙鏞。

飲福，禧安　嘉粟旨酒，博腯牲牷。神鑒孔昭，享茲吉蠲。夙夜毖祀，孝以奉先。永錫純嘏，功格于天。

亞獻，正安　已象文治，乃觀武成。進退可度，威儀克明。

終獻，正安　常武徂征，詩人所稱。總干山立，厥象伊凝。

徹豆，豐安　肥腯之牲，既析既薦。鬱鬯之酒，已酌已獻。祝辭亦陳，和奏斯徧。享禮具舉，徹其有踐。

攝事十三首

降神，理安　肅肅清廟，昭事祖禰。粢盛苾芬，四海來祭。皇靈格思，令容有晬。降福孔皆，以克永世。

太尉行，正安　祼鬯溥將，賓尸在位。帝德升聞，孝思光被。公卿庶正，傅御師氏。至誠感神，福祿來暨。

奠瓚，瑞安　淳清育物，瑞木成文。元氣陶冶，非煙郁氛。玄貺昭格，至和所熏。登歌祼獻，肸蠁如聞。

奉俎，豐安　麗碑割牲，以炰以烹。博碩肥腯，薦羞神明。祖考來格，享于克誠。如聞謦欬，式燕以寧。

酌獻僖祖室，大善　肅肅藝祖，肇基鴻源。權輿光大，燕翼貽孫。載祀惟永，慶流後昆。威靈在天，顧我思存。

順祖室，大寧　思文聖祖，長發其祥。錫羨蕃衍，德厚流光。眷命自天，卜世聿昌。祗肅孝享，降福無疆。

翼祖室，大順　明明我祖，積德累仁。居晦匿曜，邁種惟勤。帝圖天錫，輝光日新。寢廟繹繹，昭事同寅。

宣祖室，大慶　洸洸我祖，時惟鷹揚。潛德弗耀，發源靈長。肆類配天，永思不忘。來顧來享，百福是將。

太祖室，大定　赫赫太祖，受命于天。赤符啓運，威加八埏。神武戡難，功無間然。翼翼丕承，億萬斯年。

太宗室，大盛　穆穆太宗，與天合德。昧旦丕顯，乾乾翼翼。敷佑下民，時帝之力。永懷聖神，孝思罔極。

眞宗室，大明　煌煌眞宗，善繼善承。經武耀德，臻于治平。封祀禮樂，丕昭鴻名。陟配文廟，皇圖永寧。

徹豆，豐安　鼎俎既陳，豆籩既設。金石在庭，工師就列。備物有嚴，著誠致潔。孝惟時思，禮以雍徹。

送神，理安　神之來兮風肅然，神之去兮升九天。排凌兢兮還恍惚，羽旄紛兮蕭燔煙。

眞宗御製二首

奠瓚用萬國朝天　鴻源濬發，睿圖誕彰。高明錫羡，累洽延祥。巍巍藝祖，溥率賓王。煌煌文考，區宇大康。珍符昭顯，寶曆綿長。物性茂遂，民俗阜昌。甫田多稼，禾黍穰穰。含生嘉育，鳥獸蹌蹌。八紘統域，九服要荒。沐浴惠澤，祗畏典常。隔谷分壤，望斗辨方。並襲冠帶，來奉圭璋。峨峨雙闕，濟濟明堂。諸侯執帛，天后當陽。何以辨等？袞衣繡裳。何以褒德？輅車乘黃。聲明煥赫，雅頌汪洋。啓茲丕緒，祐我無疆。

大統斯集，大樂斯揚。俯隆宗祏，仰繼穹蒼。

亞獻、終獻用平晉樂　五代衰替，六合携離。封疆竊據，兵甲競馳。天顧黎獻，塗炭可悲。帝啓靈命，濬哲應期。皇祖丕變，金鉞俄麾。率土執贄，獷俗來儀。瞻彼大鹵，竊此餘基。獨迷文告，莫畏天威。神宗繼統，璿圖有輝。佝安蠢爾，罔懷格思。六飛夙駕，萬旅奉辭。徯來發詠，不陣行師。雲旗先路，壺漿塞岐。天臨日照，宸慮通微。前歌後舞，人心悅隨。要領自得，智力何施。風移僭冒，政洽淳熙。書文混一，盛德咸宜。干戈倒載，振振言歸。誕昭七德，永定九圍。

眞宗告饗六首

告受天書，瑞安　寶命自天，鴻禧錫祚。昭晰綠文，氤氳黃素。玄感荐彰，靈休誕布。寅奉珍符，聿懷永慕。

太祖、太宗加上尊謚，顯安　報貺陟封，聿昭典禮。讓德穹厚，歸功祖禰。丕顯尊稱，盡善盡美。寅威孝思，以介蕃祉。

東封畢，躬謝酌獻，封安　奕奕淸廟，錫羡詒謀。升中神嶽，顯允皇猷。歸格藝祖，昭報靈休。奉先追遠，盛德益修。

祀汾陰畢，躬謝酌獻，顯安　於昭列聖，休德淸明。威靈如在，享于克誠。報功厚載，馨薦惟精。歸格飮至，禮備樂成。

聖祖降，親告，瑞安　於赫聖祖，景靈在天。神遊來曁，晬容穆然。誨言昭示，帝胄開先。齊明欽若，延鴻億年。

六室加謚，顯安　欽崇太霄，肅奉徽册。大禮克誠，鴻猷有赫。令芳爰薦，明靈斯格。昭謝垂祥，永懷何極。

景祐親享太廟二首

迎神，興安　追養奉先，納孝練主。金奏鳳鳴，關雎樂舞。奠鬯恭神，肥腯展俎。積慶聰明，降景寰宇。

酌獻眞宗室，大明　於穆眞皇，宅心道粹。和戎偃革，煥乎文治。操瑞拜圖，封天祀地。盛德爲宗，烝嘗萬世。

至和祫享三首

迎神，興安　濡露降霜，永懷孝思。祫食諦敍，再閏之期。歌德詠功，八音播之。歆神惟始，靈其格茲。

奠瓚，嘉安　昭穆親祖，自室徂堂。禮備樂成，肅然祼將。瑟瓚黃流，條鬯芬芳。氣達淵泉，神乎來享。

送神，興安　四祖基慶，三后在天。薦侑備成，靈娭其旋。孝孫應嘏，受福永年。送之懷之，明發惻然。

嘉祐祫享二首

迎神，懷安　躬茲孝享，禮備樂成。神登于俎，祝導于祊。展牲肥腯，奏格和平。靈其昭格，肅僾凝情。

送神，懷安　靈神歸止，光景肅然。福祥裕世，明威在天。孝孫有慶，駿烈推先。佑茲基緒，彌萬斯年。

熙寧以後享廟五首

酌獻英宗室，大英　在宋五世，天子嗣昌。躬發英斷，若乾之剛。聲容浤浤，被于八荒。垂千萬年，永烈有光。

送神，興安　鍾鼓惟旅，籩豆孔時。衎我祖宗，旣右享之。神亟來止，孝孫之喜。神保聿歸，孝孫之思。

禘祫孟享、臘享，宗正卿升殿，正安　進退有容，服章有儀。匪亟匪遲，降登孔時。

祫享仁宗，大和　於穆仁廟，聖澤滂流。華夷用乂，動植蒙休。徽名冠古，奕世垂謀。帝躬祼獻，盛典昭修。

英宗，大康　赫赫英皇，總提邦紀。濬發神功，恢張聖理。仙馭雖遙，鴻徽不弭。永言孝思，竭誠躬祀。

常祀五享三首

迎神，興安九變。　奕奕清廟，昭穆定位。霜露增感，粢盛潔祭。神靈來格，福祉攸暨。追孝奉先，本支百世。

太尉奠瓚，嘉安　有秩時祀，匪怠匪瀆。有來宗工，載祗載肅。厥作祼將，流黃瓚玉。是享是宜，永綏多福。

送神，興安　皇祖皇考，配帝配天。駿奔顯相，神保言旋。祝以孝告，嘏以慈宣。去來永慕，宗事惟虔。

紹興以後時享二十五首

迎神，興安

黃鍾爲宮　奉先嚴祀，率禮大經。時思致享，肅薦芳馨。竭誠備物，樂奏和聲。眞馭來止，熙事克成。

大呂爲角　聖靈在天，九關崇深。風馬雲車，紛其顧臨。擁祥儲休，昭答孝心。孝孫受祉，萬福是膺。

太簇爲徵　嘉承和平，秩祀爲先。乃練休辰，祝史告虔。內心齊明，祀具吉蠲。交際恍惚，如在後前。

應鍾爲羽　道信於神，神靈燕娭。酒有嘉德，物惟其時。緩節安歌，樂奏具宜。欣欣樂康，福祿綏之。

奉俎，豐安　王假有廟，子孫保光。奉牲以告，玉俎膏香。專精厲意，神其迪嘗。休承靈意，中錫無疆。

初獻盥洗，正安　恪恭祀典，涓選休成。設洗致潔，直于東榮。嘉觴祗薦，明德惟馨。祖考來格，享茲孝誠。

升殿，正安　冠佩雍容，時惟上公。享于清廟，陟降彌恭。籩豆靜嘉，粢盛潔豐。孝孫有慶，萬福來同。

僖祖室酌獻，基命　於穆文獻，自天發祥。肇基明命，錫羨無疆。子孫千億，宗祏靈長。神之格思，如在洋洋。

宣祖室酌獻，天元　天啓炎曆，集我大命。長發其祥，篤生上聖。夷亂芟荒，乾坤以定。時祀聿修，孝孫有慶。

太祖室酌獻，皇武　赫赫藝祖，受天明命。威加八紘，德垂累聖。祀事孔明，有嚴笙磬。對越在天，延休錫慶。

太宗室酌獻，大定　明明在上，時維太宗。允武允文，丕基紹隆。於肅清廟，昭報是豐。

皇靈格思，福祿來同。

眞宗室酌獻，熙文　於穆眞皇，維烈有光。丕承二后，奄奠萬方。威加戎狄，道格穹蒼。歆時禋祀，降福無疆。

仁宗室酌獻，美成　至哉帝德，乃聖乃神！恭己南面，天下歸仁。歷年長久，垂裕後人。祀修舊典，寶命維新。

英宗室酌獻，治隆　炎基克鞏，赫赫英宗。紹休前烈，仁化彌隆。篤生聖子，堯、湯比蹤。烝嘗萬世，福祿來崇。

神宗室酌獻，大明　於昭神祖，運撫明昌。肇新百度，克配三王。遐荒底績，聖武維揚。永言執競，上帝是皇。

哲宗室酌獻，重光　於皇濬哲，遹駿有聲。率時昭考，丕顯儀刑。功光大業，道協三靈。永綏厥後，來燕來寧。

徽宗室酌獻，承元　天錫神聖，徽柔懿恭。垂衣拱手，遵制揚功。配天立極，體道居中。佑我烈考，萬福攸同。

欽宗室，端慶　於皇欽宗，道備德宏。允恭允儉，克類克明。孝遵前烈，仁翊函生。歆茲肆祀，永燕宗祊。

高宗室，大德　於皇時宋，自天保定。高宗受之，再僕景命。紹開中興，翼善傳聖。何千萬年，永綏厥慶。

孝宗室，大倫　聖人之德，無加於孝。思皇孝宗，履行立教。始終純誠，非曰笑貌。於萬斯年，是則是傚。

光宗室，大和　維宋洽熙，帝繼于理。萬姓厚生，三辰順軌。對時天休，以燕翼子。肅唱和聲，神其有喜。

文舞退、武舞進，正安　肅肅清廟，於顯維德。我祀孔時，我奏有翼。秉翟載駿，有來干戚。神之燕娭，休祥允格。

亞、終獻，文安　觀德宗祏，奕世烈光。有嚴祀典，粵循舊章。樂諧九變，獻畢重觴。燕娭如在，戩穀穰穰。

徹豆，恭安　禮備樂成，物稱誠竭。相維辟公，神人以說。歌雍一章，諸宰斯徹。天子萬年，無競維烈。

送神，興安　霜露既降，時思展禋。在天之御，睠然顧歆。樂成禮備，言歸靡停。既安既樂，福祿來成。

祫享八首

迎神，興安

黃鍾宮　時維孟冬，霜露既零。合食盛禮，以時以行。孝心翼翼，惟神來寧。肅倡斯舉，神具是聽。

大呂角　於穆孝思，嘉薦維時。誠通茲格，咸來燕娭。神之聽之，申錫蕃釐。於萬斯年，永保丕基。

太簇徵　於昭孝治，通乎神明。寒暑不忒，熙事備成。牲牷孔碩，黍稷惟馨。以享以祀，來燕來寧。

應鍾羽　苾芬孝祀，薦灌肅雍。致力於神，明信咸通。靈之妥留，惠我龐鴻。廣被萬寓，福祿攸同。

初獻順祖，酌獻，大寧　於赫皇祖，濬發其祥。德盛流遠，奕世彌昌。孝孫有慶，嘉薦令芳。神保是享，錫羨無疆。

翼祖酌獻，興安　上天眷命，佑我丕基。翼翼皇祖，不耀其輝。積厚流長，福祿攸宜。祀事孔時，曾孫篤之。

光宗室酌獻，大承　於皇光宗，握符御極。昭哉嗣服，惟仁與德！勤施於民，靡有暇逸。萬年之思，永奠宗祏。

送神，興安　合祭大事，因時發天。翼翼孝思，三獻禮虔。神兮樂康，飈馭言旋。永福後人，於千萬年。

上仁宗、英宗徽號一首

入門升殿，顯安　於穆仁祖，寵綏萬方。執競英考，迄用咸、康。圖徽寶册，有烈其光。庶幾億載，與天無疆。

上英宗尊號一首

入門，正安　在宋五世，天子神明。羣公奉册，洒揚鴻名。金書煌煌，遹昭厥成。思皇多祜，與天同聲。

增上神宗徽號一首哲宗朝製。

升殿，顯安　於惟禰廟，乃聖乃神。秉文之士，作起惟新。建宮稽古，一視同仁。庶幾備號，以享天人。

紹興十四年奉上徽宗册寶三首

册寶入門，顯安　於鑠徽考，如天莫名。迨茲丕揚，擬純粹精。温玉鏤文，來至于祊。有嚴奕奕，禮備樂成。

册寶升殿，顯安　金字煌煌，瑤光燦燦。羣工奉之，登此寶殿。對越祖宗，式遵成憲。威靈在天，來止來燕。

上徽號，顯安　惟精惟一，乃聖乃神。鴻名克揚，茂實斯賓。如禹之功，如堯之仁。孝思永慕，用詔無垠。

淳熙十五年上高宗徽號三首

册寶入門，顯安　於穆高皇，功德兼隆。稱天以誄，初謚未崇。載稽禮典，揚徽垂鴻。涓日之良，登進廟宮。

册寶升殿，顯安　有瑑斯寶，有編斯册。導以麾仗，奏以金石。祲威盛容，煌煌赫赫。臣工奉之，高靈來格。

上徽號，顯安　中興之烈，高掩商宗。揖遜之美，放勳比隆。字十有六，擬諸形容。威靈在天，裕後無窮。

慶元三年奉上孝宗徽號三首

册寶入門，顯安　巍巍孝廟，聖德天通。同符藝祖，克紹高宗。有儀有册，載推載崇。鏤玉繩金，登奉祏宮。

册寶升殿，顯安　文金晶熒，册玉輝潤。統紹乎堯，德全于舜。勤崇推高，子孝孫順。冠德百王，萬年垂訓。

上徽號，顯安　金石充庭，珩璜在列。繪畫乾坤，形容日月。巍巍功德，顯顯謨烈。垂億萬年，鴻徽昭揭。

高宗郊祀前朝享太廟三十首

皇帝入門，乾安後還前殿並同。　於皇我后，祗戒專精。假于有廟，祖考是承。趨進惟肅，僾思惟誠。神之聽之，來燕來寧。

皇帝升殿，乾安詣室、降殿並同。　皇皇大宮，丕顯於穆。休德昭淸，元氣回復。芝葉蔓茂，桂華馮翼。孝孫假斯，受茲介福。

盥洗，乾安　維皇齊精，䖍假于廟。觀盥之初，惟以潔告。衎承祖宗，恤祀昭孝。誠心有孚，介福斯報。

迎神，興安　秬鬯既將，黃鍾具奏。肅我祖考，祗栗以俟〔一〕。監觀于茲，雲車來下。

尙書奉俎，豐安　有碩其牲，登于大房。肅展以享，庶幾迪嘗。匪腯是告，我民其康。保艾爾後，垂休無疆。

皇帝再盥洗，乾安　盥至于再，潔誠愈孚。帝用祗薦，靈咸嘉虞。騰歌臚歡，會于軒朱。

觀厥顒若，受福之符。

僖祖〔三〕室酌獻，基命　思文僖祖，基德之元。皇武大之，受命于天。積厚流光，不已其傳。曾孫篤之，於萬斯年。

翼祖室酌獻，大順　天命有開，維仁是依。洒睠冀邦，于以顧之。其顧伊何？發祥肇基。施于孫子，虔奉孝思。

宣祖室，天元　昭哉皇祖，源深流長！雕戈圭瓚，休有烈光。天祐潛德，繼世其昌。永懷積累，嘉薦令芳。

太祖室，皇武　爲民請命，皇祖赫臨。天地並貺，億萬同心。造邦以德，介福宜深。挹彼惟旨，眞游居歆。

太宗室，大定　皇矣太宗，嗣服平成！盆奮神旅，再征不庭。文武秉德，仁孝克明。以聖傳聖，對越紫清。

眞宗室，熙文　思文眞宗，體道之崇。熸威赫靈，遵制揚功。眞符鼎來，告成登封。盛德百世，於昭無窮。

仁宗室，美成徽宗御製。　仁德如天，徧覆無偏。功濟九有，恩涵八埏。齊民受康，朝野晏然。擊壤歌謠，四十二年。

英宗室，治隆　穆穆英宗，持盈守成。世德作求，是纘是承。齊家睦族，偃武恢文。於薦清酤，酌之欣欣。

神宗室，大明　烝哉維后，繼明體神！稽古行道，文物一新。潤色鴻業，垂裕後人。靈斿沛然，來燕來寧。

哲宗室，重光　明哲煌煌，照臨無疆。紹述先志，寔宣重光。詒謀燕翼，率由舊章。苾芬孝祀，降福穰穰。

徽宗室，承元〔三〕御製。　於皇烈考，道化聖神。堯聰舜孝，文恬武忻。命子出震，遺駿上賓。罔極之哀，有古莫倫。

降殿，乾安　明德惟馨，進止回復。裼襲安恭，嚴若惟谷。誠意昭融，羣工袟屬。成此祲容，生乎齊肅。

入小次，乾安　於皇我后，祗戒專精。躬製聲詩，文思聰明。雍容戾止，玉立端誠。神聽如在，福祿來寧。

文舞退、武舞進，正安　八音諧律，綴兆充庭。進旅退旅，肅恭和平。盛薦祖宗，靈監昭升。象功崇德，遹觀厥成。

亞獻，正安　威神在天，享于克誠。申以貳觴，式昭德馨。籩豆孔嘉，樂舞具陳。庶幾是聽，福祿來成。

終獻，正安　疏冪三舉，誠意一純。孰陪予祀，公族振振。神具醉止，燕娭窈冥。於萬斯年，綏我思成。

皇帝出小次，乾安　夙戒告備，禮節俯成。妥侑惟乾，氛氳夜澄。有嚴有翼，列聖靈承。於穆淸閟，肅肅無聲。

皇帝再升殿詣飲福位，乾安　維皇親享，至再至三。禮備樂奏，層陛森嚴。粢盛芳潔，酒醴旨甘。雲車風馬，從衞觀瞻。

飲福，禧安　赫赫明明，維祖維宗。鑒于文孫，維德之同。日靖四方，亦同其功。億萬斯年，以承家邦。

還位，乾安　帝旣臨享，步武鳴鸞。陟降規矩，顒昂周旋。登歌一再，典禮莫愆。神之聽之，祉福緜緜。

尙書徹豆，豐安　熙事旣成，嘉籩告徹。洋洋來臨，藹藹布列。配帝其功，在天對越。允集叢釐，萬邦和悅。

送神，興安　神之來游，風馬雲車。淹留彷彿，顧瞻欷歔。神之還歸，鈞天帝居。監觀于下，何福不除！

降殿，乾安　於皇上天，欽哉成命。集于沖人，丕承列聖。爰熙紫壇，于廟告慶。肹蠁潛通，休祥荐應。

還大次，乾安　盛德豐功，一祖六宗。欽翼燕詒，禋享是崇。厲意齊精，假廟惟恭。率禮周旋，福祿來同。

寧宗朝享三十五首

皇帝入門，乾安　王假有廟，四極駿奔。鼎俎宵嚴，虡簴雲屯。積厚流廣，德隆慶蕃。是則是繩，保我子孫。

升殿，乾安　於穆清宮，奕奕孔碩。芝莖蔓秀，桂華馮翼。八簋登列，六瑚賁室。皇代擁慶，啓佑千億。

盥洗，乾安　天一以清，地一以寧。維皇精專，承神明靈。娥御墮津，瀆祗揚溟。盥事允嚴，先祖是聽。

詣室，乾安　丹楹雲深，芳勺宵奠。樂華淳邑，禮文炳絢。有容有儀，載肅載見。維時緝熙，世世以燕。

還位，乾安　旅楹有閑，人神允叶。福以德昭，饗以誠接。六樂宣揚，百禮煒燁。對越在天，流祚萬葉。

迎神，興安 九變。

黃鍾爲宮　咸、英備樂，簠席列畢。詩歌安世，聲叶皇雅。翠旗羽蓋，雲車風馬。神其來兮，以燕以下。

大呂爲角　勾陳旦闢，閶闔夜分。軨風挾月，車駟凌雲。瑞景晻靄，神光耀煜。神其來兮，以留以忻。

太簇爲徵　穆穆紫幄，璜璜清宮。皐麓流詠，鳧鷖叶工。道閎詒燕，業綿垂鴻。神其來兮，以康以崇。

應鍾爲羽　文以謨顯，武以烈承。聖訓之保，祖武之繩。有肅孝假，式嚴衎烝。神其來兮，以宜以寧。

捧俎，豐安　簠豆薦牲，鉶籩實饋。其俎孔庶，吉蠲爲饎。惟德達馨，以忱以貴。神既佑享，祉貺來曁。

再詣盥洗，乾安　精粹象天，明淸鑒月。再御茲盥，益致其潔。齊容顒若，誠意洞徹。百禮允洽，率禮不越。

眞宗室，熙文　天地熙泰，躋時昇平。闡符建壇，聲容文明。君臣賡載，夷夏肅淸。本支百世，持盈守成。

仁宗室，美成　在宋四世，天子聖神。用賢致治，約己裕民。海內富庶，裔夷肅賓。四十二年，堯、舜之仁。

英宗室，治隆　明明英后，仁孝儉恭。丕顯丕承，增光祖宗。繼志述事，遵制揚功。萬邦作孚，盛德形容。

神宗室，大明　厲精基治，大哉乾剛！信賞必罰，內修外攘。禮樂法理，號令文章。作新之功，度越百王。

哲宗室，重光　於皇我宋，世有哲明。元祐用人，遹駿有聲。紹述先志，思監于成。受天之祜，王配于京。

徽宗室，承元　帝撫熙運，晏粲協期。禮明樂備，文恬武嬉。道光授受，謀深燕詒。駿命不易，子孫保之。

欽宗室，端慶　顯顯令主，輝光日新。奉親以孝，綏下以仁。兢兢業業，誕保庶民。於穆不已，之德之純。

高宗室，大德　昊天有命，中興復古。治定功成，修文偃武。德隆商宗，業閎漢祖。付託得人，系堯之緒。

孝宗室，大倫　藝祖有孫，聰睿神武。紹興受禪，歸尊于父。行道襲爵，百度修舉。聖德曰孝，光于千古。

光宗室，大和　維宋洽熙，帝繼于理。萬姓厚生，三辰順軌。對時天休，以燕翼子。肅唱和聲，神其有喜。

還位，乾安　在周之庭，設業設虡。酒醴惟醹，爾殽伊脯。帝觴畢勺，天步旋舉。丕顯丕承，念茲皇祖。

降殿，乾安　黼幄蟬蜎，颾斿寧燕。尊彝獻祼，瑚簋陳薦。眎儀天旋，淳音韶變。遹求厥寧，福祿流羨。

入小次，乾安　皇容肅祗，天步舒遲。對越惟恭，敬事不遺。陟降莅止，永言孝思。上帝臨女，日監于茲。

文舞退、武舞進，正安　明庭承神，鞉磬柷敔。玉梢飾歌，佾綴維旅。既肖厥文，復象乃武。祖德宗功，惟帝時舉。

亞獻，正安　尊斝星陳，罍冪雲舒。來貳鸞觴，玉佩瓊琚。相予嚴祀，秉德有初。對揚王休，何福不除！

終獻，正安　秉德翼翼，顯相肅雝。疏冪三舉，誠意益恭。光燭黼繡，和流笙鏞。子孫衆多，福祿來從。

出小次，乾安　廟楹邃嚴，夜景藻清。文物炳彪，禮儀熙成。帷宮載敞，珮珩有聲。帝復對越，將受厥明。

再升殿，乾安　明明維后，詒厥孫謀。系隆我漢，陳錫哉周。以孝以饗，世德作求。介以繁祉，萬邦咸休。

飲福，乾安　玉瓚黃流，有飶其香。來假來享，降福穰穰。我應受之，湯孫之將。有百斯男，福祿無疆。

還位，乾安　聖圖廣大，宗祊光輝。假于有廟，帝命不違。僾若有慕，夙夜畏威。嘉樂君子，福祿祁祁。

徹豆，豐安　升饌有章，卒食攸序。庭鏘金奏，凱收鉶筥。其獻惟成，其餕維旅。禮洽慶流，皇祖之祜。

送神，興安　珠幄煟黃，神既燕娭。監觀于下，福祿來宜。雲車風馬，神保聿歸。啓佑我後，福祿來爲。

降殿，乾安　聖有謨訓，詒謀燕翼。奉天酌祖，萬世維則。維皇孝熙，乾乾夕惕。禮既式旋，惟福之錫。

還大次，乾安　王假有廟，對越在天。帷宮旋御，率禮不愆。泰畤展祠，雲陽奉瑄。齊居精明，益用告虔。

理宗朝享三首

皇帝升降，乾安　於皇祖宗，清廟奕奕。威靈在天，不顯惟德。垂裕鴻延，詒謀燕翼。孝孫格斯，受祉罔極。

迎神，興安，九奏　秬鬯既將，黃鍾具奏。瞻望眞游，僾若有慕。於皇列聖，在帝左右。雲車具來，以妥以侑。

寧宗室，大安　帝德之休，恭儉淵懿。三十一年，謹終如始。升祔在宮，祖功並美。民懷有仁，何千萬世。

高宗祀明堂前朝享太廟二十一首

皇帝入門，乾安　於皇我后，祗戒專精。齊肅有容，祖考是承。造次匪懈，孝思純誠。神聽有格，福祿來寧。

升殿，乾安　肅哉清宮，熉珠照幄！神之來思，八音振作。赤舄龍章，奉玉惟恪。匪今斯今，先民時若。

盥洗，乾安　於皇維后，觀盥之初。精意昭著，既順既愉。圭鬯承祀，卿士咸趨。目視心化，四方其孚。

迎神，興安　涓選休成，祖考是享。夙夜專精，求諸惚恍。洋洋在上，惟神之仰。邕矣清明，應之如響。

捧俎，豐安　來相于庭，鳴鋗鏘鏘。奉牲而告，登彼雕房。非牲之備，民庶是康。神依民聽，上帝斯皇。

僖祖室酌獻，基命　何慶之長？實兆于商。由商太戊，子孫其昌。皇基成命，宋道用光。詒厥孫謀，膺受四方。

翼祖室，大順　上帝監觀，維仁是依。繼世修德，皇心顧之。其顧伊何？在彼冀方。施于子孫，降福穰穰。

宣祖室酌獻，天元　昭哉皇祖，駿發其祥！雕戈圭瓚，盛烈載揚。天錫寶符，俾熾而昌。神聖應期，赫然垂光。

太祖室，皇武　猗歟皇祖，下民攸歸！膺帝之命，龍翔太微。戎車雷動，天地清夷。峨峨奉璋，萬世無違。

太宗室，大定　煌煌神武，再御戎軒。時惠南土，旋定太原。車書混同，聲教布宣。維天佑之，億萬斯年。

眞宗室，熙文　於皇眞宗，體道之崇。游心物外，應迹寰中。四方既同，化民以躬。清淨無爲，盛德之容。

仁宗室曲同郊祀。送神亦同。

英宗室，治隆　噫我大君，嗣世修文！維文維武，諟繼虞勳。天錫丕祚，施于後昆。於薦清酤，酌之欣欣。

神宗室，大明　烝哉維后，繼明體神！憲章文、武，宜民宜人。經世之道，功格于天。子孫嚴祀，無窮之傳。

哲宗室，重光　明哲煌煌，照臨無疆。丕承先志，嘉靖多方。朝廷尊榮，民庶樂康。珍符來應，錫茲重光。

徽宗室，承元　聖考巍巍，光紹丕基。禮隆樂備，時維純熙。天仁兼覆，皇化無爲。功成弗處，心潛希夷。

文舞退、武舞進，正安　作樂合祖，簨簴在庭。衆奏具舉，肅雝和鳴。神靈來格，庶幾是聽。皦繹以終，永觀厥成。

亞獻，正安　威神在天，來格于誠。旣載清酤，有聞無聲。相予熙事，時賴宗英。肅肅雝雝，允協思成。

終獻，正安　疏冪三舉，誠意一純。孰陪予祀，公族振振。明靈來娭，樂舞具陳。奉神所佑，昭孝息民。

飲福，禧安　赫赫明明，德與天通。施于孫子，福祿攸同。日靖四方，民和年豐。有秩斯祜，申錫無窮。

徹豆，豐安　歆我齊明，威德如存。牲牷是享，圭玉其温。羣公執事，亦既駿奔。禮成告徹，咸福黎元。

還大次，乾安　神明既交，恍若有承。欽翼齊莊，福祿具膺。王業是興，祖武是繩。佑我億年，以莫不增。

孝宗明堂前享太廟三首

徽宗室酌獻，承元　明明徽祖，撫世升平。制禮作樂，發政施仁。聖靈在天，德澤在民。億萬斯年，保佑後人。

高宗室，大德　於皇時宋，自天保定。高宗受之，再僕景命。紹開中興，翼善傳聖。何千萬年，永綏厥慶。

還大次，乾安　禮既行矣，樂既成矣。維祖維妣，安且寧矣。皇舉玉趾，佩鏘鳴矣。拜貺總章，于厥明矣。

理宗明堂前朝享二首

寧宗室奠幣，定安　皇矣昭考，聖靈在天！稱秩宗祀，有嚴恭先。奉幣以薦，見之僾然。仁深澤厚，厥光以延。

酌獻，考安　假哉皇考，必世後仁！嘉靖我邦，與物皆春。之純之德，克配穹旻。餘慶淵如，佑我後人。

皇后廟十五首

迎神，肅安　閟宮翼翼，雅樂洋洋。牲器肅設，几筵用張。飾以明備，秩其令芳。神兮來格，風動雲翔。

太尉行，舒安　服章觀象，山龍是則。容止蹌蹌，威儀翼翼。

司徒捧俎，豐安徹同。　恪恭奉祀，祗薦犧牲。九成爰奏，有俎斯盈。

酌獻孝明皇后室，惠安　祀事孔明，廟室惟肅。鉶登籩豆，金石絲竹。既灌既薦，允恭允穆。奉神如在，以介景福。

孝惠皇后室，奉安　初陽作配，內助惟賢。柔順中積，英徽外宣。神宮有侐，明祀惟虔。歆誠降祜，於萬斯年。

孝章皇后室，懿安　猗那淑聖，象應資生。配天作合，與日齊明。椒宮垂範，彤史揚名。

聿修毖祀，永奉粢盛。

懿德皇后室，順安　王門稟慶，帝族惟賢。功存內治，德協靜專。流芳圖史，垂範紘綖。新廟有侐，祀禮昭然。

淑德皇后室，嘉安　明明英媛，德備椒庭。籩豆有踐，黍稷匪馨。靜嘉致薦，容與昭靈。精意以達，顧享來寧。

莊穆皇后室，理安　曾孫襲慶，柔祇育德。正位居體，其儀不忒。教被宮壼，化行邦國。祝史正辭，垂裕無極。

莊懷皇后室，永安　淑德昭著，至樂和平。登豆在列，幣香薦誠。六變合禮，八音諧聲。穰穰景福，佑我休明。

元德皇后廟〔四〕，興安　爲太宗后，爲天下母。誕聖繼明，膺乾作主。玉振金相，蘭芬桂芳。於萬斯年，永奉烝嘗。

飲福，禧安　彝尊旨酒，慶佑遂行。介以純嘏，允答明誠。

亞獻，恭安　宗臣率禮，步玉鏘鏘。吉蠲斯獻，百祿是將。

終獻，順安　薦獻有終，禮容斯穆。以奉嘉觴，以膺多福。

送神，歸安　明禋告畢，靈輅難留。升雲杳邈，整馭優游。誠深嘉栗，禮罄欽修。豐融垂佑，以永洪休。

景祐以後樂章六首

章獻明肅皇太后室奠瓚，達安　肅肅閟宮，順時薦事。鬱鬯馨香，如見於位。

酌獻，厚安　祥標曾麓，德合方儀。萬邦展養，九御蒙慈。孝恭祊祏，美播聲詩。淑靈顧享，申錫維祺。

章懿皇太后室奠瓚，報安　青金玉瓚，祼將于京。永懷罔極，夙夜齊明。

酌獻，衍安　翊佐先朝，章明壼教。淑順謙勤，徽音在劭。樹風不止，劬勞匪報。黍稷令芳，嘏茲乃告。

奉慈廟章惠皇太后室奠瓚，翕安　祼圭既陳，酌鬯斯醇。音容彷彿，奠獻惟寅。

酌獻，昌安　內輔先猷，夙昭壼則。保祐之勞，慈惠其德。榮養有終，芳風無極。享獻閟宮，載懷悽惻。

眞宗汾陰禮畢，親謝元德皇后室三首

迎神，肅安　閟宮奕奕，韶樂洋洋。牲幣虔布，几筵肅張。醴泉淳美，嘉肴潔香。俟神來格，降彼帝鄉。

奉俎，豐安　樂鏗金石，俎奉犧牲。九成斯奏，五教爰行。

送神，理安　鸞驂復整，鶴駕難留。白雲縹緲，紫府深幽。廟雖載止，神無不游。垂佑皇宋，以永鴻休。

顯安之曲

元德皇后升祔一首

顯矣皇妣，德侔柔祇！升祔太室，協禮之宜。耀彼寶册，列之尊彝。惟誠是厚，永佑慶基。

崇恩太后升祔十四首

入門，顯安　俔天生德，作配元符。儀刑壼則，輔佐帝圖。登崇廟祏，勒號璠璵。烝嘗億載，皇極之扶。

神主升殿，顯安　曰嬪于京，天作之配。進賢審官，克勤其志。於穆淸廟，本仁祖義。億萬斯年，神靈攸暨。

迎神，興安四章

黃鍾宮二奏　閟宮有侐，堂筵屹崇。靈徽匪遐，精誠感通。苾芬維時，登茲明祀。泠然雲車，有來其馭。

大呂角二奏　羽旌風翔，翠뢙飄舉。儼其音徽，登茲位處。笙鏞始奏，合止柷敔。是享是宜，永求伊祜。

太簇徵二奏　枚枚閟宮，鼎俎肆陳。烝畀明靈，登其嘉新。鼓鍾既戒，旨酒既醇。攸介攸止，純禧荐臻。

應鍾羽二奏　旨酒嘉肴，于登于豆。是享是宜，樂既合奏。衎我懿德，執事溫恭。靈兮允格，有翼其從。

罍洗，嘉安　列爵陳俎，芬芳和羹。摐金擊石，洋洋和聲。禮行伊始，我德惟明。既盥而往，於昭斯誠。

升降殿，熙安　笙簫紛如，陟彼廟庭。鏘鏘佩玉，懷茲先靈。神保聿止，音容杳冥。繁禧是介，萬年惟寧。

酌獻，茲安　雝雝玉佩，淸酤惟良。粢盛具列，有飶其香。懷其徽範，德洽無疆。於茲燕止，降福穰穰。

亞獻，神安　嬪于潛邸，爰正坤儀。關雎化被，思齊名垂。柔德益茂，家邦以熙。皇心追崇，永羞牲粢。

退文舞、進武舞，昭安　翩然干戚，揚庭陳階。文以經緯，武以威懷。其張其弛，節與音諧。迄茲獻享，妥靈綏來。

終獻，儀安　珩璜之貴，褘褕之尊。天作之合，內治慈溫。元良鍾慶，祉福乾坤。以享以祀，事亡如存。

徹豆，成安　鏘洋純繹，於論鼓鍾。周旋陟降，齊莊肅容。維罍既旨，維籩伊豐。歌徹以雍，介福來崇。

送神，興安　黍稷維馨，虡業充庭。既歆既戒，靈心是承。顧予烝嘗，言從之邁。申錫無疆，是用大介。

上册寶十三首

册寶入門，隆安　威儀皇止，庶尹在庭。爰舉徽章，遹觀厥成。勒崇揚休，寫之瓊瑛。迄于萬祀，發聞惟馨。

册寶升殿，崇安　有猶有言，順承天則。聿崇號名，再揚典册。朱英寶函，左右翼翼。千秋萬歲，保茲無極。

迎神，歆安

黄鍾宮　籩豆大房，犧尊將將。馨香既登，明靈迪嘗。其樂伊何？吹笙鼓簧。靈來燕娭，降福無疆。

大呂角二奏　吉蠲惟時，禮儀既備。奉璋峨峨，羣公在位。神之格思，永錫爾類。展彼令德，於焉來暨。

太簇徵二奏　雍雍在宮，翼翼在庭。顯相休嘉，肅雍和鳴。神嗜飲食，明德惟馨。綏我思成，式燕以寧。

應鍾羽二奏　犧牲既成，籩豆有楚。摐金擊石，式歌且舞。追懷懿德，令聞令儀。靈兮來格，是享是宜。

罍洗，嘉安　嘉肴旨酒，潔粢豐盛。既盥而往，以我齊明。有孚顒若，黍稷非馨。神之格思，享于克誠。

升降，熙安　佩玉鏘鏘，其來雝雝。陟降孔時，步武有容。恪茲祀事，神罔時恫。綏我邦家，福祿來崇。

酌獻，明安　旨酒嘉栗，有飶其香。衎我淑靈，歆此令芳。德貽彤管，號正椒房。神具醉止，降福穰穰。

退文舞、進武舞，昭安　籥翟既陳，干戚斯揚。進旅退旅，一弛一張。其儀不忒，容服有光。以宴以娭，德音不忘。

亞、終獻，和安　望高六宮，位應四星。輔佐君子，警戒相成。褘衣褒崇，琛册追榮。于以奠之，有椒其馨。

徹豆，成安　濯濯其英，殖殖其庭。有來羣工，賚我思成。嘉肴既將，旨酒既清。雍徹不遲，福祿來寧。

送神，歆安　禮儀既備，神保聿歸。洋洋在上，不可度思。神之來兮，肸蠁之隨。神之去兮，休嘉是貽。

上欽成皇后册寶六首

入門升殿，顯安　上帝錫羨，寔生婉淑。輔佐神皇，寵膺天祿。誕育泰陵，劬勞顧復。於昭徽音，久而彌郁。

迎神，歆安　於顯惟德，徽柔懿明。嬪于初載，有聞惟馨。肆我鼓鍾，萬舞在庭。神保是格，來止來寧。

盥洗，嘉安　有煒柔儀，率履不越。惠于初終，既明且達。我將我享，相盥乃登。胡臭亶時，攸介攸寧！

升降，熙安　苾苾其芳，殽核維旅。陟降孔時，有秩斯所。雍容內化，維神之明。明則不渝，綏我思成。

酌獻，明安　天維顯思，有相于內。右賢去邪，夙夜儆戒。猗歟追册，重翟褘衣。既右享之，百世是儀。

亞、終獻，和安　酌彼玉瓚，有椒其馨。醆假無言，雍容在庭。生莫與崇，於赫厥聲。祀事孔明，神格是聽。

上明達皇后册寶五首

迎神，歆安　恭儉宜家，柔順承天。德昭彤管，憂在進賢。寶册褘翟，追榮壽原。四時禋享，何千萬年。

酌獻，明安　淸宮有嚴，廣樂在庭。鍾鼓筦磬，九變旣成。縮茅以獻，潔秬惟馨。靈遊可想，來燕來寧。

退文舞、進武舞，昭安　秉翟竣事，萬舞摐金。總干揮戚，節以鼓音。禮容有煒，肸蠁來歆。淑靈是聽，雅奏愔愔。

徹豆，成安　登獻罔愆，俎豆斯徹。神具醉止，禮終樂闋。御事旣退，珊珊佩玦。介我繁祉，歆此蠲潔。

送神，歆安　備成熙事，虛徐翠蓋。神保聿歸，雲車夙征。鑒我休德，神交惚恍。留祉降祥，千秋是享。

紹興別廟樂歌五首

升殿，崇安　新廟肅肅，蕆事以時。陟降階墄，雍容有儀。鞠躬周旋，罔敢不祗。祝史正辭，靈其格思。

奉俎，肅安　肇嚴廟祀，爰圖遺芳。物必稱德，或陳或將。有縟其儀，有苾其香。靈兮來下，割烹是嘗。

懿節皇后室酌獻，明安　曾沙表慶，正位椒庭。徽音杳邈，宮壼儀刑。虔修祀事，清酌惟馨。縮以包茅，昭格明靈。

亞、終獻，嘉安　霄漢月墮，郊原露晞。徽音如在，延佇來歸。有酒既清，累觴載祗。神具醉止，燕衎怡怡。

徹豆，寧安　仙馭弗返，眇邈清都。薦此嘉殽，既豐既腴。奠享有成，鼓樂愉愉。徹我豆籩，率禮無踰。

乾道別廟樂歌三首

詣廟，乾安　涓選休辰，于秋之杪。既齊既戒，爰假祖廟。有伷儀坤，舊章是傚。享祀奚爲？天子純孝。

升殿，乾安　宗祀九筵，先薦閟宮。陟自東階，煌煌袞龍。於穆聖善，監茲禮容。是享是宜，介福無窮。

懿節皇后室酌獻，歆安　丕顯文母，厚德維坤。仙馭雖邈，徽音固存。瑟彼玉瓚，酌此鬱鬯。簡簡穰穰，裕我後昆。

紹熙〔五〕別廟二首

安穆皇后室酌獻，歆安　祥發俔天，符彰夢日。有懷慈容，孝享廟室。泰尊是酌，旨酒嘉栗。靈其格思，祚以元吉。

安恭皇后室酌獻，歆安　美詠河洲，德嬪嬀汭。徽音如存，肇修祀事。縮以包茅，酌以醴齊。靈來顧歆，降福攸備。

紹興二十九年顯仁皇后祔廟一首

酌獻，歆安　恭惟聖母，躋祔孔時。陳羞宗祏，徽福坤儀。鍾鼓惟序，牲玉載祗。於皇來格，永介丕基。

開禧三年成肅皇后祔廟一首

酌獻，歆安　天合重華，內治昭融。承承繼繼，保佑恩隆。歸從阜陵，登祔太宮。燕我後人，福祿來崇。

校勘記

〔一〕祗栗以俟　宋會要樂六之一八在本句下有「於皇列聖，在帝左右」二句。史有脫文。

〔二〕僖祖　原作「僖宗」，據本書卷一太祖紀和本卷上下文改。

〔三〕徽宗室承元　「元」原作「光」。本卷上文紹興以後時享二十五首、本卷下文寧宗朝享三十五首、高宗祀明堂前朝享太廟二十一首和本書卷一〇九禮志都作「元」。據改。

〔四〕元德皇后廟　「廟」，疑當作「室」。

〔五〕紹熙　原作「紹興」，按本章是趙惇祀趙昚安穆、安恭兩后所用曲辭，「興」字是「熙」字之訛。

宋史卷一百三十五

志第八十八

樂十 樂章四

朝謁玉清昭應宮　太清宮　朝享景靈宮　封禪　祀汾陰　奉天書　祭九鼎

眞宗奉聖祖玉清昭應宮御製十一首〔一〕

降聖，眞安　巍巍眞宇，奕奕殊庭。規模太紫，炳煥丹青。元命祗答，大猷是經。多儀有踐，丕應無形。肆設金石，聲聞杳冥。佇迴飈馭，永祐基扃。

奉香，靈安　芳氣上浹，飈馭下臨。紹承丕緒，永勵精明。氤氲成霧，葱鬱垂陰。虔恭對越，介祉攸欽。

奉饌，吉安　發祥有自，介福無疆。紛綸丕應，保佑下方。嘉薦斯備，雅奏具揚。寅威洞達，監眄昭章。

玉皇位酌獻，慶安　無體之體，強名之名。監觀萬寓，統治九清。眞朔保祐，瑞命昭明。乾乾翼翼，祗答財成。

聖祖位酌獻，慶安　於昭靈貺，誕啓鴻源。功濟庶彙，慶流後昆。蘭肴登俎，桂酒盈尊。俯迴飇駕，永庇雲孫。

太祖位酌獻，慶安　赫赫藝祖，受命高穹。威加海外，化浹區中。發祥宗祏，錫祐眇冲。欽承積德，勵翼精衷。

太宗位酌獻，慶安　明明文考，儲精上蒼。禮樂明備，溥率賓王。功德累洽，歷數會昌。孝思罔極，丕祐無疆。

亞、終獻，冲安　太初非有體，至道本無聲。降迹臨下土，成功陟上清。至仁敦動植，丕緒啓宗祊。紫禁承來格，鴻基保永寧。發祥垂誕告，致孝薦崇名。廣樂伸欽奉，儲休固太平。

飲福，慶安　明明始祖，誕啓慶基。翼翼後嗣，虔奉孝思。精潔斯達，祉福咸宜。于以報貺，于以受釐。

徹饌，吉安　雕俎在御，飈駕聞聲。眞遊斯降，旨酒斯盈。大樂云闋，大禮云成。徹彼常薦，馨此明誠。

送聖，眞安　精心既達，眞遊允臻。禮容斯舉，福應惟醇。將整僊馭，言還上旻。永存嘉貺，用泰烝民。

迎奉聖像四首 並用慶安。

玉皇位　玉虛上帝，金像晬容。宅眞雲構，練日龜從。維皇對越，率禮寅恭。靈心丕應，福祿來崇。

聖祖位　總化在天，保昌厥緒。降格皇闈，瓊輪載御。藻仗星陳，晬容金鑄。佑我慶基，宅茲靈宇。

太祖位　烝哉大君，聿懷帝祖！鎔範眞儀，奉尊靈宇。至感祥開，洪輝物覩。瞻謁盡恭，飛英率土。

太宗位　於顯神宗，德洽區中。祥金爍冶，範茲晬容。殊庭胥宇，備物致恭。明威有赫，降福來同。

玉清昭應宮上尊號三首

奉告，隆安　登隆妙號，欽翼淵宗。茂宣德禮，有恪其容。奉璋升薦，垂佩彌恭。揚休詠美，以間笙鏞。

太初殿奉册寶，登安　皇靈垂祐，洪福彌隆。祗率緜寓，潔祀眞容。嚴恭奉册，對越清躬。睟容肅穆，懿號尊崇。禮成樂舉，福祿來同。

二聖殿奉絳紗袍，登安　赫赫列聖，盛德巍然。彤彤靈宇，睟儀在焉。奉以龍袞，被之象天。重慶宗稷，億萬斯年。

太尉奉聖號册寶，眞安〔二〕　上旻降監，介祉實繁。邦家修報，妙道歸尊。增名霄極，奉册靈軒。茂宣聖典，永祐黎元。

寶册升殿，大安　圖書昭錫，典禮紹成。烝民何幸，教父儲靈。欽承景貺，祗奉崇名。致虔寶册，垂祐基扃。

降神，眞安　猶龍之聖，降生厲鄉。教流清淨，道符混茫。大君肅謁，盛儀允臧。森羅羽衞，躬薦蕭薌。籫紱濟濟，鍾石洋洋。高眞至止，介福誕祥。

奉玉幣，靈安　琳宮奕奕，黼坐煌煌。玉帛成禮，飈馭延祥。鴻儀有則，景福無疆。嘉應昭協，丕猶誕揚。

奉饌，吉安　金奏以諧，飈遊斯格。靈監章明，皇心勵翼。肅奉雕俎，來升綵席。享德有孚，凝禧無斁。

酌獻，大安　欽崇至道，肅謁殊庭。順風而拜，明德惟馨。飈馭來格，尊酒斯盈。是酌是獻，心通杳冥。

飲福，大安　彼渦之壤，指李之區。千乘萬騎，來朝密都。躬陳芳薦，款接仙輿。飲酒受福，永耀鴻圖。

亞、終獻，正安　邈矣道祖，冥幾惚恍！常德不離，至眞無象。引位清穹，降祥神壤。酌醴薦誠，控飈來享。

送神，眞安　醴醆在戶，金奏在庭。籩豆有踐，黍稷非馨。義盡蠲潔，誠通杳冥。言旋風駟，祚我修齡。

太極觀奉册寶一首

登安之曲　薦號穹冥，登名祖禰。陟配陽郊，協宜典禮。感電靈區，誕聖鴻懿。册寶斯陳，福祿來曁。

景靈宮奉册寶一首

登安之曲　穆穆眞宗，錫羨蕃昌。飈輪臨貺，諄誨洞彰。虔崇懿號，祗答景祥。至誠致享，降福無疆。

景祐元年親享景靈宮二首

降眞，太安　眞館奉幣，潔齊致馨。靈因斯格，社稷慶寧。

送眞，太安　椒漿奠享，珍饌精祈。晬容杳邈，瑤軿霞飛。

大觀三年朝獻景靈宮二首

奉饌，吉安　威靈洋洋，靡有常嚮。於惟欽承，來假來饗。博碩芬香，是烝是享。奉器有虔，載德無爽。　爾牲既充，是烹是肆。爾肴既具，是羞是饋。非物之重，惟德之備。神之格思，歆我精意。

高宗郊前朝獻景靈宮二十一首

皇帝入門，乾安　維皇齊居，承神其初。顒顒昂昂，龍步雲趨。景鍾鏗如，肅覲淸都。肸蠁之交，神人用孚。

升殿，乾安　帝既臨饗，馨玆精意。對越在天，爰升紫陛。孔容翼翼，保承丕緒。孝奉天儀，永錫爾類。

降聖，太安　惟德馨香，升聞八方。粤神臨之，來從帝鄉。萬靈景衞，有煒其光。監我精純，降福穰穰。

盥洗，乾安　齋居皇皇，瓊琚鏘鏘。承祭之初，其如在旁。挹彼注茲，儲禧迎祥。神之聽之，欣欣樂康。

聖祖位，乾安　涓選休辰，有事嘉薦。琅琅瓊珮，陟降嚴殿。其陟伊何？幣玉斯奠。周旋中禮，千億儲羨。

聖祖位奉玉幣，靈安　上靈始祖，雲景元尊。嚴祀夙展，六樂朱軒。明玉之潔，豐帛之温。暢乃繼序，承德不諐。

還位，乾安　我后臨饗，奠幣攸畢。式旋其趨，榘度有式。禮容齋莊，孝思純實。天休滋至，時萬時億。

奉饌，吉安　百職駿奔，來相于庭。奉盛以告，登茲芳馨。際天蟠地，默運三靈。神兮來歆，祚我休平。

再盥洗，乾安　有嚴大禮，對時休明。情文則粲，蠲潔必清。再臨觀盥，以專以精。眞游來格，永觀厥成。

再詣聖祖位，乾安　於赫炎宋，十葉華耀。屬茲郊報，陟降在廟。其降伊何？椒漿桂酒。再拜斟酌，永御九有。

聖祖位酌獻，祖安御製。　璐源誕啓，玉牒肇榮。覆育羣有，監觀圓淸。酒醴旣洽，登薦惟誠。無有後艱，駿惠雲仍。

還位，乾安　奠鬯告成，式旋厥位。天步雍容，神人燕喜。九廟觀德，百靈薦祉。子孫其昌，垂千萬祀。

文舞退、武舞進，正安　於皇樂舞，進旅退旅。一弛一張，笙磬具舉。豈惟玩聲，象德是似。神鑒孔昭，福祿來予。

亞、終獻，沖安　五音飭奏，神旣億康。濬其容與，薦此嘉觴。有來顯相，鋗玉鏘鏘。奉承若有，罔不齋莊。

飲福，報安　嘉薦旣終，神貺斯復。賚我思成，靈光下燭。孝孫承之，載祗載肅。敷錫庶民，函蒙祉福。

還位，乾安　帝臨閟庭，逆釐上靈。神羁安坐，肅若有承。嘉觴旣申，德䦱惟馨。靈光留俞，祚我億齡。

徹饌，吉安　普淖旣薦，苾芬孔時。神嗜而顧，有來燕娭。饗矣將徹，載欽載祗。展詩以侑，益臻厥熙。

送眞，太安　雍歌旣徹，熙事備成。神夕奄虞，忽乘青冥。靈心回睠，監我精禋。誕降嘉祉，休德昭淸。

降殿，乾安　我秩元祀，上推靈源。展事有侐，祲威肅然。丹墄既降，秉心益虔。荷天之休，于千萬年。

望燎，乾安　奕奕靈宮，有嚴毖祀。燔燎具揚，禮儀既備。帝心肅祗，天步旋止。對越在天，永膺蕃祉。

還大次，乾安　帝將于郊，昭事上祀。爰茲畢觴，復即于此。飇游載旋，容旌杳騎。維皇嘉承，錫祚昌熾。

高宗明堂前朝獻景靈宮十首

降聖，大安　德惟馨香，升聞八方。粤神之從，燦然有光。驂飛乘蒼，啾啾蹌蹌。消搖從容，顧予不忘。

升殿，乾安　帝既臨享，龍馭華耀。孝孫承之，陟降在廟。誠意上交，慶陰下冒。天休駢至，千億克紹。

聖祖位奠玉幣，靈安　玉氣如虹，豐縉充笥。既奉既將，亦奠在位。有永羣后，實相祀事。何以臨下？心意不貳。

奉饌，吉安　瓊琚鏘鏘，玄衣纁裳。薦嘉升香，粢盛芬芳。禮儀莫愆，鼓鐘喤喤。曾孫之常，綏福無疆。

聖祖位酌獻，祖安　斐回若留，靈其有喜。薦我馨香，挹茲酒醴。我祖在天，執道之紀。申佑無疆，奏神稱禮。

文舞退、武舞進，正安　進旅退旅，載執干戚。不愆于儀，容服有赫。式妥式侑，神保是格。靈鑒孔昭，孝思維則。

亞、終獻，冲安。用舊辭。

飲福，報安　於赫大神，總司元化。監我純精，威光來下。延昌之貺，千億馮藉。曾孫保之，丕平是迓。

徹饌，吉安　洋洋降臨，肅肅布列。熙事既成，嘉籩告徹。九天儲慶，垂佑無缺。寖明寖昌，綿綿瓜瓞。

送眞，太安　高飛安翔，持御陰陽。幽贊圓穹，監觀四方。元精回復，奄虞孔良。畢觴降嘏，偃蹇于驤。

望燎，乾安　奕奕原祠，有嚴毖祀。禮儀孔宜，燔燎斯暨。帝心肅祗，天步旋止。熙事既成，永膺蕃祉。

孝宗明堂前朝獻景靈宮八首

盥洗，乾安　合宮之饗，報本奉先。欽惟道祖，濬發璿源。駕言謁款，其盥惟虔。尙監精衷，錫祚綿綿。

聖祖，乾安　駿命有開，慶基無窮。祗率百辟，仰瞻晬容。鼓鐘斯和，黍稷斯豐。靈其居歆，福祿來崇。

還位，乾安　嘉玉既設，量幣既陳。髣髴靈游，來顧來寧。對越伊何？厥惟一純。佑我熙事，以迄于成。

奉饌，吉安　發祥仙源，流澤萬世。曷其報之？親饗三歲。相維列卿，潔粢是饋。匪物之尙，誠之爲至。

再詣盥洗，乾安　華燈熒煌，瑞煙氤氳。威神如在，蠲潔必親。再盥于罍，再帨于巾。皇心肅祗，其敢憚勤。

再詣聖祖位，乾安　歲逢有年，月旅無射。我將我饗，如幾如式。肅爾臣工，諧爾金石。本原休功，垂裕罔極。

還位，乾安　旨酒思柔，神具醉止。工祝既告，孝孫旋位。何以酢之？純嘏來備。燕及雲來，蕃衍無已。

文舞退、武舞進，正安　象德之成，有奕其舞。一弛一張，進旅退旅。嘒以管籥，和以鏞鼓。神其樂康，永錫多祜。

寧宗郊前朝獻景靈宮二十四首

皇帝入門，乾安　閟幄邃深，雲景杳冥。天淸日晬，展容玉庭。締基發祥，希夷降靈。神其來燕，是饗是聽。

升殿，乾安　帝居瑤圖，璇題玉京。日月經振，列宿上熒。桂簋飶芬，瑚器華晶。賁承禋祀，用戒昭明。

降神，太安六變。

圜鐘爲宮　四靈晨耀，五緯夕明。風雲晏和，天地粹淸。靈兮來迎，靈兮來寧〔三〕。啓我子孫，饗于純精。

黃鐘爲角　芬枝揚烈，焆珠叶陶。闓珍闡符，展詩舞箾。神哉來下，神哉來翺。肅若有承，靈心招搖。

太簇爲徵　龍車既奏，鳳馭載翔。帝幄佇靈，天衢騰芳。神來留俞，神來蹇驤。禮罔樂明，奏假孔將。

姑洗爲羽　虹旌蜺旄，鸞旗翠蓋。星樞扶輪，月御叶衞。靈至陰陰，靈般裔裔。來格來饗，福流萬世。

盥洗，乾安　禮文有俶，祀事孔明。將以潔告，允惟齊精。自盥而往，聿觀厥成。靈監下臨，天德其清。

詣聖祖位，乾安　維宋肖德，欽天顧右。於皇道祖，丕釐靈祜。葛藟殖繁，瓜瓞孕茂。克昌厥後，世世孝奏。

聖祖位奉玉幣，靈安高宗御製，見前。

皇帝還位，乾安　桂宮耽耽，藻儀穆穆。天回袞彩，風韶璜玉。咸、英噭亮，容典炳煜。假我上靈，景命有僕。

奉饌，吉安　我簠斯盈，我簋斯實。或剝或亨，或燔或炙。有殽既將，爲俎孔碩。禮儀卒度，永錫爾極。

再盥洗，乾安　觴濬初勺，禮戒重盥。假廟以萃，取象于觀。清明外暢，精肅中貫。我儀圖之，三靈攸贊。

再詣聖祖位，乾安　肇基駿命，翚右鴻業。鼎玉龜符，垂固萬葉。靈貺具臻，神光燁燁。暉祚無疆，規重矩疊。

聖祖位酌獻，祖安高宗御製，見前。

還位，乾安　皇帝瑞慶，長發其祥。纂系悠遠，遡源靈長。德之克明，休烈有光。配天作極，孝饗是將。

文舞退、武舞進，正安　持翟成象，秉朱就列。旄乘整溢，鳳儀諧節。揮舒皇文，歌蹈先烈。合好劾懽，福流有截。

亞獻，沖安　光熉紫幄，神流玉房。秉文侑儀，嘉虞貳觴。震濬醉喜，彷彿迪嘗。璇源之休，地久天長。

終獻，沖安　靈輿蹇驤，畢觴泰筵。貳饗允穆，祼將克竣。垂恩儲祉，錫羡永年。將以慶成，燕及皇天。

詣飲福位，乾安　若木露英，清雲流霞。蔓蔓芝秀，馮馮桂華。綿瑞無疆，產嘏孔奢。皇則受之，巿我帝家。

飲福酒，報安　旨酒惟蘭，勺漿惟椒。福流瓚斝，光燭琨瑤。拜貺清宮，凝輝慶霄。神其如在，徘徊招搖。

還位，乾安　烝哉我皇，繼天毓聖！逆釐元都，對越靈慶。如天斯久，如日斯盛。瑤圖濬邈，永隆駿命。

徹饌，吉安　房鉶陳列，室篚登奉。告饗具歆，展徹惟拱。祥光奕奕，嘉氣懞懞。受嘏不訾，燕天之寵。

送眞，太安　雲車風馬，靈其來游。天門軼蕩，神其莫留。遺慶陰陰，祉發祥流。康我有宋，與天匹休。

降殿，乾安　璇庭爛景，紫殿流光。禮洽乾回，福應日昌。聖系厖鴻，景命溥將。德茂功成，率祀無疆。

詣望燎位，乾安　厥初生民，淵濬唯祖。芳薦既輟，明燎具舉。德馨升聞，靈貺蕃詡。懷濡上靈，佑周之祜。

還大次，乾安　帝假于宮，彝承清祀。天暉臨幄，宸衞森峙。行繇大室，旋趨紫畤。率禮不違，式旉靈祉。

理宗明堂前朝獻景靈宮二首　餘用舊辭。

升殿，登歌乾安　我享我將，馨兹精意。陟降左右，維天與契。齋明乃心，祗肅在位。於萬斯年，百福來備。

亞獻，宮架沖安　慶雲郁郁，鳴璆琅琅。濬其容與，申薦貳觴。奉承若有，神其樂康。錫以多祉，源深流長。

大中祥符封禪十首　餘同南、北郊。

山上圜臺降神，高安　巖巖泰山，配德于天。奉符展采，翼翼乾乾。滌濯靜嘉，罔有弗蠲。上帝顧諟，冷風肅然。

昊天上帝坐酌獻，奉安　皇天上帝，陰騭下民。道崇廣覆，化洽鴻鈞。靈文誕錫，寶命惟新。增高欽事，式奉嚴禋。

太祖配坐酌獻，封安　於穆聖祖，肇開鴻業。我武惟揚，皇威有曄。四隩混同，百靈震疊。陟配高穹，明靈是接。

太宗配坐酌獻，封安　祗若封祀，神宗配天。禮樂明備，奠獻精虔。景靈來格，休祥藹然。於昭垂慶，億萬斯年。

亞獻，恭安　因高定位，禮修物備。薦鬯卜牲，虔恭寅畏。八音克諧，天神咸暨。降福穰穰，永錫爾類。

終獻，順安　浩浩元精，無臭無聲。臨下有赫，得一以淸。備物致享，薦茲至誠。泰尊奠獻，夙夜齊明。

社首壇降神，靖安　至哉坤元，資生伊始。博厚稱德，沈潛柔止。降禪方位，聿修明祀。寅恭吉蠲，永錫蕃祉。

皇地祇坐酌獻，禪安　坤德直方，博厚無疆。秉陰得一，靜而有常。寶藏以發，乃育百昌。肅祗禪祭，錫祉穰穰。

太祖配坐酌獻，禋安　皇矣聖祖，丕赫神武。秉運宅中，威加九土。德厚功崇，頌聲載路。陟配方祇，對天之祜。

太宗配坐酌獻，禋安　毖祀柔祇，報功厚載。思文太宗，侑神嚴配。鐘石斯和，籩豆咸在。永錫坤珍，資生爲大。

汾陰十首。

降神，靖安　茫茫坤載，粤惟太寧。資生光大，品物流形。瞻言汾曲，允宅神靈。聖皇躬享，明德惟馨。

奠玉幣，登歌嘉安　至誠旁達，柔祇格思。奉以琮幣，致誠在玆。

奉俎，豐安　博碩者牲，載純其色。體薦登俎，聿崇坤德。

后土地祇坐酌獻，博安　秉陰成德，敏樹宣功。應變審諦，神力無窮。沈潛剛克，流謙示中。潔玆奠獻，妙物玄通。

太祖配坐酌獻，博安　坤元茂育，植物咸形。於穆聖祖，功齊三靈。嚴恭配侑，厚德攸寧。永懷錫羨，歆此惟馨。

太宗配坐酌獻，博安　報功厚載，祀事惟明。思文烈考，道濟羣生。侑神定位，協德安平。馨潔並薦，享于克誠。

飲福，博安 寅威寶命，明祀惟虔。協神備物，罔不吉蠲。后祇格思，靈飈肅然。誕受景福，遐哉億年！

亞、終獻，正安 至哉柔祇，滋生蕃錫！滌濯靜嘉，寅恭夕惕。金奏純如，萬舞有奕。立我烝民，莫匪爾極。

后土廟降神，靖安 博厚流形，秉陰成德。柔順利正，直方維則。明祇格思，素汾之側。祇載吉蠲，宸心翼翼。

酌獻，博安 至哉物祖，設象隆脽！動靜之德，翕闢攸宜。嘉栗以薦，精禱洪釐。茂宣陰貺，五穀蕃滋。

祇奉天書六首

朝元殿酌獻，瑞文 妙道非常，神變無方。惟天輔德，靈貺誕章。玄文昭錫，寶曆彌昌。禮崇明祀，式薦馨香。

含芳園〔四〕，瑞文 運格熙盛，將封介丘。禮神之域，瑞命殊尤。靈文荐降，丕顯皇猷。聖心肅奉，永洽鴻休。

泰山社首壇升降，瑞文　玄穹眷懷，寶符中錫。垂露騰文，粲然靈迹。發祥吉圖，純熙寫奕。登薦欽崇，式昭天曆。

奉香酌獻，瑞安　謂天蓋高，惟皇合德。倬彼靈章，圖書是錫。眷命諄諄，被以遐曆。膺籙告成，虔恭欽翼。

地屆興王，祥開圖籙。典禮昭成，禔祥交屬。大輅逶迤，卿雲紛郁。祐我含靈，錫茲介福。祥符七年奉祀畢，天書迴至應天府，有雲物之瑞，命製是曲，以紀休應。

升降，靈文　旻穹無聲，惟德是輔。降監錫符，垂文篆素。孝瑞紀封，英聲載路。既壽而昌，篤天之祜。

祭九鼎十二首〔五〕

帝鼐土王日祀降神，景安　日號丙丁，方號中央。德惟其時，蠲吉是將。夫何飲之？黃流玉瓚。夫何食之？有陳伊饌。

奉饌，豐安　粢盛既豐，牲牢既充。展茲熙事，温温其恭。惟明欣欣，燔炙芬芬。保乎天子，繁祉荐臻。

亞、終獻，文安　工祝致辭，黃流協鬯。爰登清歌，載期神享。噫予誠心，精禋是虔。嘉予陳祀，豐盈豆籩。

春分，蒼鼎亞、終獻，成安　法乾剛兮，鑄鼎奠方。涓嘉旦兮，齊明迎祥。胡爲持幣？維箱及筥。胡爲和羹？有錡維釜。

立夏，岡鼎迎神，凝安　我方東南，我日朱明。爰因其時，鼎以岡名。粢盛既馨，牲牷既盈。佑我皇家，巽令風行。

亞、終獻，成安　黃流在中，惟馨香祀。於薦于神，爰祗厥事。禮從多儀，以進爲文。尊斝三獻，昭示孔勤。

夏至，彤鼎酌獻，成安　犧尊將將，徂基自堂。牲牷肥腯，鼓鐘喤喤。肆予醴齊，椒馨飶香。聿來歆顧，天祚永昌。

立秋，阜鼎酌獻，成安　明德崇享，磬筦鏘鏘。鏗兮佩舉，峩冠齊莊。肆陳有序，承箱是將。其牲伊何？籩豆大房。

秋分，晶鼎亞、終獻，成安　神宮巍巍，庭燎有輝。聲諧備樂，物陳豐儀。清酤既載，酌言獻之。惟神醉止，聿來蕃釐。

立冬，魁鼎迎神，凝安　時運而冬，乃神玄冥。陰陽相推，豐年以成。越陳嘉肅，牲牢粢盛。來享來依，監于明誠。

酌獻，成安　罍之初登，其儀昭陳。罍之既祼，其香升聞。神心嘉止，於焉欣欣。貽我有年，穰穰其仁。

冬至，寶鼎奠幣，明安　秉心齊明，奉牲博碩。匏絲鏗陳，冠佩儼飾。其肆其將，明神來格。執奠維何？猗歟幣帛！

校勘記

〔一〕眞宗奉聖祖玉淸昭應宮御製十一首　通考卷一四三樂考在「昭應宮」下有「景靈宮」三字，疑此處脫漏。

〔二〕太尉奉聖號冊寶眞安　按從此以下至次頁「送神眞安」共九首，和通考卷一四三樂考所列「朝謁太淸宮九首」儀式與曲名均同，又本卷題目有「太淸宮」一目，此處前面當脫「朝謁太淸宮九首」標題。

〔三〕靈兮來寧　「寧」原作「迎」，與上句文複，據宋會要樂六之二改。

〔四〕含芳園　「芳」原作「香」，據通考卷一四三樂考，並參考本書卷七眞宗紀、長編卷六九改。

〔五〕祭九鼎十二首　按下文只有八鼎，據本書卷一〇四禮志，本節當缺立春祭牡鼎之文。

宋史卷一百三十六

志第八十九

樂十一 樂章五

祀嶽鎮海瀆　祀大火　祀大辰

大中祥符五嶽加帝號祭告八首

迎神，靜安　鍾石既作，俎豆在前。雲旗飛揚，神光肅然。當駕飈歘，來乎青圓。言備縟禮，享茲吉蠲。

册入門，正安　節彼喬嶽，神明之府。秩秩威儀，肅肅靈宇。懿號克崇，庶物咸覩。帝籍升名，式綏九土。

酌獻東嶽，嘉安　節彼岱宗，有嚴廟貌。惟辟奉天，依神設教。帝典焜煌，嘉薦普淖。至靈格思，殊祥是效。

南嶽　作鎮炎夏，畜茲靈光。敷與萬物，既阜既昌。爰刻温玉，式薦徽章。昭蝦神意，福熙穰穰。

西嶽　瞻言太華，奠方作鎮。典册是膺，等威以峻。上公奉儀，祀宗薦信。介祉萬邦，永配坤順。

北嶽　仰止靈嶽，鎮于朔方。增崇懿號，度越彝章。祗薦嘉樂，式陳令芳。永資純佑，國祚蕃昌。

中嶽　巖巖神嶽，作鎮中央。肅奉徽册，尊名孔章。聿降飈駕，載獻蘭觴。熙事允洽，寶祚彌昌。

送神，靜安　祗薦鴻名，寅威明祀。有楚之儀，如在之祭。奠獻既終，禮容克備。神鑒孔昭，福禧來暨。

天安殿册封五嶽帝一首

册出入，正安　名嶽奠方，帝儀克舉。吉日惟良，九賓咸旅。温玉鏤文，纁裳正宁。禮備樂成，篤神之祜。

熙寧望祭嶽鎭海瀆十七首

東望迎神，凝安　盛德惟木，勾芒御神。沂、岱、淮、海，厥功在民。爰熙壇坎，哀對庶神。于以歆格，靈貽具臻。

升降，同安　紳韠襜兮，玉珮槃兮。于我將事，神燕喜兮。帝命望祀，敢有不共。往返于位，肅肅雍雍。

奠玉幣，明安　祀以崇德，幣則有儀。肅我將事，登降孔時。精明純潔，罔有弗祗。史辭無愧，神用來娭。

酌獻，成安　肇茲東土，含潤無疆。維時發春，嘉薦令芳。祭用𧀹沈，順性含藏。不涸不童，誕降祺祥。

送神，凝安　神之至止，熙壇爲春。神之將歸，旂服振振。欻兮迴飈，窅兮旋雲。祐于東方，永施厥仁。

南望迎神，凝安　嵩、秥、衡、霍，暨厥海江。時維長養，惠我南邦。肆嚴牲幣，神式來降。以侑以妥，百福是龐。

酌獻，成安　景風應律，朱鳥開辰。肅肅明祀，嘉籩列陳。牲用牷物，樂奏蕤賓。克綏永福，祐此下民。

送神，凝安　鼓鍾云云，歆管伊伊。神既醉飽，曰送言歸。山有厚藏，水有靈德。物其永依，往奠炎宅。

中望迎神，凝安　維土作德，維帝御行。含養載育，萬物以成。有嚴祀典，薦我德馨。神其歆止，永用億寧。

酌獻，成安　高廣融結，實維中央。宣氣報功，利彼一方。坎壇以祀，六樂鏘鏘。靈其有喜，酌以大璋。

送神，凝安　言旋其處，以奠中域。無替厥靈，四方是則。神永不息，祀永不忒。以享以報，于萬斯年。

西望迎神，凝安　品物順說，時司金行。于郊迎氣，以望庶靈。雅歌維樂，圭薦惟牲。作民之祉，永相厥成。

酌獻，成安　西顥沆碭，執矩司秋。諏言協靈，時祀孔修。禮有薦獻，爰視公侯。秩而祭之，百福是遒。

送神，凝安　我樂我神，籩俎腥饔。曰神之還，西土是宮。于蕃禽魚，于衍草木。富我藪隰，滋我高陸。

北望迎神，凝安　帝德乘坎，時御閉藏。爰潔牲醴，兆茲北方。海山攸宅，神施無疆。具享鐲吉，降福孔穰。

酌獻，成安　淒寒凝陰，隕籜滌場。百物順成，黍稷馨香。款于北郊，爰因其方。何以侑神？薦此嘉觴。

送神，凝安　維山及川，奠宅幽方。我度其靈，降止靡常。肅肅坎壇，既迎既將。促樂徹俎，是送是望。

紹興祀嶽鎮海瀆四十三首

東方迎神，凝安　帝奠九壤，孰匪我疆。緊我東土，山川相望。祀事孔時，肅雍不忘。業業濛鴻，郁哉洋洋！

初獻盥洗，同安　青陽肇開，祀事孔飭。鬱人贊溉，其馨苾苾。敬爾威儀，亦孔之則。神之格思，無我有斁。

奠玉幣，明安　司曆告時，惟孟之春。爰舉時祀，旅于有神。鼓鍾既設，珪帛具陳。阜蕃庶物，以福我民。

東嶽位酌獻，成安　巖巖天齊，自古在昔。膚寸之雲，四方其澤。惟時東作，祀事迺飭。惠我無疆，恩霑動植。

東鎮位　惟山有鎮，雄於其方。東孰爲雄？于沂之疆。祀事有時，爰舉舊章。我望匪遙，庶幾燕饗。

東海位　頌洞鴻濛，天與無極。導納江、漢，節宣南北。順助其功，善下惟德。我祀孔時，以介景福。

東瀆位　我祀伊何？于彼長淮。導源桐柏，委注蓬萊。扞齊護楚，宣威示懷。豆籩列陳，亦孔之偕。

亞、終獻，酌獻四位並同。　我祀孔肅，神其安留。容與裴回，若止若浮。洽此重觴，申以百羞。無我斁遺，萬邦之休。

送神，凝安　蹇兮紛紛，神實戾止。以飲以食，以享以祀。眑兮冥冥，神亦歸止。以醉以飽，以錫爾祉。

南方迎神，凝安　朱明盛長，我祀用飭。厥祀伊何？山川咸秩。如將見之，繩繩齊栗。神哉沛兮，消搖來格！

初獻盥洗、升降，同安　爰熙嘉壇，揭虔毖祀。鬱人沃盥，贊我祼事。于降于登，以作以止。莫不肅雍，告靈饗矣。

奠玉幣，明安　我祀我享，儀物孔周。一純斯舉，二精聿修。璞兮其温，絲兮其紑。是薦潔蠲，神兮安留。

南嶽位酌獻，成安　神曰司天，居南之衡。位焉則帝，于以奠方。南訛秩事，望禮有常。庶幾嘉虞，介福無疆。

南鎭位　維南有山，于彼會稽。作鎭在昔，神則司之。厥有舊典，以祀以時。百味維旨，靈其燕娭。

南海位　維水善下，利物曰功。逶迤百川，誰敷朝宗？蕩蕩大受，於焉會同。骨蕭列陳，以答鴻濛。

南瀆位　四瀆之利，經營中國。南曰大江，險兮天設。維爾有神，隃其廟食。望秩孔時，我心翼翼。

亞、終獻，酌獻　神之游兮，洋洋對越。澹乎容與，肸蠁斯答。乃奏既備，八音攸節。重觴中陳，百禮以洽。

送神　曲同迎神。　薦徹豆籩，熙事備成。靈兮將歸，羽旄紛紜。飄其逝矣，浮空藹雲。悵然顧瞻，有撫懷心。

中央迎神，凝安　天作高山，屹然中峙。經營厥宇，萬億咸遂。火熙土王，爰舉時祀。緪縄宣延，彷彿來止。

初獻盥洗、升降，同安　思來感格，肅雍不忘。禮儀既備，濟濟蹌蹌。潔蠲致敬，往薦其芳。交若有承，神兮孔饗。

奠玉幣，明安　練日有望，高靈來下。何以告誠？心惟物假。有篚斯實，有寶斯籍。于以奠之，神光燭夜。

中嶽位酌獻，成安　與天齊極，伊嵩之高。顯靈効異，神休孔昭。飭我祀事，實俎鸞膋。以侑旨酒，其馨有椒。

中鎮位　禹畫九州，河內曰冀。霍山崇崇，作鎮積勢。我祀如何？百末旨味。承神燕娭，諸神畢至。

亞、終獻，酌獻　禮樂既成，肅容有常。奄留消搖，申畢重觴。仰臚所求，降福滂洋。師象山則，以況皇章。

送神　曲同迎神。　虞至旦兮，靈亦有喜。蹇欲驤兮，象輿已轙。粥音送兮，靈聿歸矣。長無極兮，錫我以祉。

西方迎神，凝安　有岌斯安，有涵斯洽。聿相厥成，允祀是答。爰飭迺奏，迺奏既協。於昭降止，是邅是接。

初獻盥洗、升降，同安　靡實不新，靡陳不濯。人之弗蠲，曷敢將酌。載晞之帨，載濡之勺。洗儀告備，陟降時若。

奠玉幣，明安　彼林有庪，彼澤有沈。猗與西望，弗菲弗淫。迺追斯邸，迺幠斯尋。卬禮既卒，是用是歆。

西嶽位酌獻，成安　屹削厥方，風雲斯所。陰邑有宮，侐侐俁俁。清酤在尊，靈眘在下。于俎獻兮，則莫我吐。

西鎮位　維吳崇崇，于汧之西。瞻彼有隴，赫赫不迷。克禆于嶽，我酌俶齊。於凡有旅，眡公維躋。

西海位　奄浸坤軸，滋殖其瀸。而典斯稽，有陛有壝。弗替時舉，元㽞斯醑。胡先于河？實委之會。

西瀆位　自彼崐虛，于以瀶流。念茲誕潤，豈俟不猶。在昔中府，暨海聿脩。迄既望止，神保先卣。

亞、終獻　肅肅其乂，既旨既溢。追其畢酌，偏茲博碩。祀事既遂，不敢斁射。神或醉止，我心斯懌。

送神 曲同迎神。　迺羞既徹，迺奏及闋。無餕斯俎，式聽致謁。不蹇不蹶，不沸不決。厲魃其祛，永庇有截。

北方迎神，凝安　我土綿綿，孰匪疆理。惟時幽都，匪曰隃只。滌哉艮月，朔風其同！曷阻曷深，其亦來降。

初獻盥洗、升降，同安　壽宮煇煌，聿修時祀。繽其臨矣，吉蠲以竢。居乎昂昂，行乎遂遂。敬爾攸司，展采錯事。

奠玉幣，明安　相予陰威，厥功浩浩。一歲之功，何以爲報？府有珪幣，我其敢私！肅肅孔懷，于以將之。

北嶽位酌獻，咸安　瞻彼芒芒，日北之常。既高既厚，廼紀廼綱。薦鬯伊始，靈示孔將。玄服鐵驪，覽此下方。

北鎮位　赫赫作鎮，幽、朔之垂。秉福我民，食哉具宜。克配彼岳，有嚴等衰。蠲我灌禮，其敢不祗！

北海位　八裔皆水，此一會同。沄沄天墟，洞蕩洪濛。至哉維坎，不有斯功！所秩伊何？黃流在中。

北瀆位　水星之精，播液發靈。不脅于河，既介以淸。翼翼盥薦，椒糈芬馨。載止載留，爰弭翠旌。

亞、終獻　俎豆紛披，金石繁會。侑以貳尊，匪瀆匪怠。我儀既周，我心孔戒。憺兮容與，彷彿如在。

送神 曲同迎神。 靈既醉飽，禮斯徹兮。靈亦樂康，樂斯闋兮。雲征飇舉，不可尼兮。薦福錫祉，曷有極兮！

淳祐祭海神十六首

迎神，延安

宮一曲 堪輿之間，最鉅惟瀛。包乾括坤，吐日滔星。祀典載新，禮樂孔明。鑒吾嘉賴，來燕來寧。

角一曲 四溟廣矣，八紘是紀。我宅東南，迴復萬里。洪濤飄風，安危所倚。祀事特隆，神其戾止！

徵一曲 若稽有唐，克致崇極。祝號既升，爰增祭式。從享于郊，神斯受職。我祀肇新，式祈陰騭。

羽一曲 猗與祀禮，四海會同！靈之來沛，鞭霆馭風。肸蠁彷彿，在位肅雍。佑我烝民，式徽神功。

升降，欽安 靈之來至，垂慶陰陰。靈之已坐，飭茲五音。壇殿聿嚴，陟降孔欽。靈宜安留，鑒我德心。

東海位奠玉幣，德安 百川所歸，天地之左。澒洞鴻濛，功高善下。行都攸依，百祿是荷。制幣嘉玉，以侑以妥。

南海位奠玉幣，瀛安　祝融之位，貴乎三神。呑納江、漢，廣大無垠。長爲委輸，祐我黎民。敬陳明享，允鑒恭勤。

西海位奠玉幣，潤安　蒲昌之澤，派引天潢。羲娥出入，浩渺微茫。蓋高斯覆，猶隔封疆。我思六合，肇正吉昌。

北海位奠玉幣，瀚安　瀚海重潤，地紀亦歸。呑受百瀆，限制北陲。一視同仁，我心則怡。嘉薦玉幣，神其格思。

捧俎，豐安　昭格靈貺，祀典肇升。牲牷告充，雕俎是承。薦虔劾物，省德惟馨。靈其有喜，萬宇肅澄。

東海位奠酌獻(一)，熙安　滄溟之德，東南具依。熬波出素，國計攸資。石臼却敵，濟我王師。神其享錫，益畀燕綏。

南海位酌獻，貴安　南溟浮天，旁通百蠻。風檣迅疾，琛舶來還。民商永賴，坐消寇姦。薦茲嘉觴，弭矣驚瀾。

西海位酌獻，類安　積流疏派，被于流沙。布潤施澤，功均邇遐。我秩祀典，四海一家。祗薦令芳，靈其享嘉！

北海位酌獻，溥安　　儵忽會同，裴回安留。牲肥酒香，晨事聿修。惟德之涼，曷奄九州？帝命是祗，多福自求。

亞、終獻，饗安　　籩豆有楚，貳觴斯旅。神其醉飽，式燕以序。百靈祕怪，蜿蜒飛舞。錫我祺祥，有永終古。

送神，成安　　告靈饗矣，錫我嘉祚。乾端坤倪，開豁呈露。玄雲聿收，羣龍咸騖。滅除凶災，六幕清豫。

紹興祀大火十二首

降神，高安　　圜鍾爲宮　　五緯相天，各率其職。司禮與祝，則維熒惑。至陽之精，屆我長贏。于以求之，祀事孔明。

黃鍾爲角　　有出有藏，伏見靡常。相我國家，鑒觀四方。視罔不正，終然允臧。神其來格，明德馨香。

太簇爲徵　　小大率禮，不愆于儀。展采錯事，秩祀孔時。維今之故，閱我數度。修厥典常，神其來顧！

姑洗爲羽　於赫我宋，以火德王。永永丕圖，繄神之相。神之來矣，維其時矣。禮備樂奏，神其知矣。

升殿，正安　有儼其容，有潔其衷。屹屹崇壇，伊神與通。神肯降格，嘉神之休。虔恭降登，神乎安留。

熒惑位奠玉幣，嘉安　馨香接神，肸蠁恍惚。求神以誠，薦誠以物。有藉斯玉，有篚斯幣。是用薦陳，昭茲精意。

商丘宣明王位奠幣，嘉安　熒惑在天，惟火與合。繄神主火，純一不雜。作配熒惑，祀功則然。不腆之幣，于以告虔。

捧俎，豐安　火遵其令，無物不長。視此牲牢，務得其養。象以祀神，有腯其肥。非神之宜，其將曷歸？

熒惑位酌獻，祐安　皇念有神，介我戩穀。登時休明，有此美祿。酌言獻之，有飶其香。神兮燕娭，醉此嘉觴。

宣明王位酌獻，祐安　誰其祀神？知神嗜好。閼伯祀火，爲神所勞。睠言配食，既與火俱。於樂旨酒，承神嘉虞。

亞、終獻，文安　神既貺施，嗜我飲食。中以累獻，以承靈億。神方常羊，咸畢我觴。于再于三，于誠之將。
送神用理安　登降上下，奠璧獻斝。音送粥粥，禮無違者。已虞至旦，神其將歸。顧我國家，遺以繁釐。

出火祀大辰十二首

降神，高安
圜鍾爲宮　煒煒我宋，火德所畀。用火紀時，允惟象類。神以類歆，誠繇類至。有感斯通，孚我陽燧。
黃鍾爲角　樂音上達，粤惟出虛。火性炎上，亦生於無。我鏞我磬，我笙我竽。氣同聲應，昭哉合符！
太簇爲徵　火在六氣，獨處其兩。感生維君，繄辰克相。何以驗之？占茲垂象。騰駕蒼蚪，歘其來饗。
姑洗爲羽　星入於戌，與火俱詘。火出於辰，與星俱伸。一伸一詘，孰操縱之？利用出入，民咸用之。
升殿，正安　屹彼嘉壇，赤伏始屆。掞光耀明，洋乎如在。俛仰重離，默與精會。隨我降升，肅聽環珮。

大辰位奠玉幣，嘉安 維莫之春，五陽發舒。日之夕矣，三星在隅。莫量匪幣，莫嘉匪玉。明薦孔時，神光下矚。

商丘宣明王奠幣，嘉安 二七儲神，與天地並。孰儷厥德？聿惟南正。功楙陶唐，澤流億姓。作配嚴禋，贊列惟稱。

捧俎，豐安 有嚴在滌，陳彼牲牢。孔碩其俎，薦此血毛。厥初生民，飲茹則然。以燔以炙，伊誰云先？

大辰位酌獻，祐安 孰爲大辰？維北有斗。曾是彗星，斯名孔有。幽榮報功，潔齊敢後。容與嘉觴，式歆旨酒。

宣明王位酌獻，祐安 周設司爟，雖列夏官。仍襲孔易，闓端實難。相彼商丘，永懷初造。不腆桂椒，匪以爲報。

亞、終獻，文安 潛之伏矣，柞櫄既休。有俶其來，楡柳是求。靈駕紛羽，尙其安留。飲我三爵，言言油油。

送神，理安 五運惟火，寔宗衆陽。宿壯用明，千載愈光。神保聿歸，安處火房。鬱攸不作，炎圖永昌。

納火祀大辰十二首

降神，高安

圜鍾爲宮　赫赫皇圖，炎炎火德。侈神之賜，奄有方國。粢盛既豐，俎豆有飶。於萬斯年，報祀無斁。

黄鍾爲角　火星之躔，有煒其光。表于辰位，伏于戌方。時和歲稔，仁顯用藏。告爾萬民，出納有常。

太簇爲徵　季秋之月，律中無射。農事備收，火功告畢。克禋克祀，有嚴有翼。風馬雲車，尙其來格！

姑洗爲羽　明明我后，重祭欽祠。有司肅事，式薦晨儀。禮惟其稱，物惟其時。神之聽之，福祿來爲。

升殿，正安

猗與明壇，右平左城！晃服斯皇，玉珮有節。陟降惟寅，匪徐匪疾。式崇大祀，禮文咸秩。

大辰位奠玉幣，嘉安

金行序晚，玉露晨淸。齊戒豐潔，肅恭神明。嘉幣惟量，嘉玉惟精。于以奠之，庶幾來聽。

商丘宣明王位奠幣，嘉安

恭惟火正，自陶唐氏。邑于商丘，配食辰祀。有功在民，有德在位。敢替典常，惟恭奉幣。

捧俎，豐安　萬彙攸成，四方寧謐。工祝致告，普存民力。酒薦斯牲，爲俎孔碩。介以繁祉，式和民則。

大辰位酌獻，祐安　庶功備矣，休德昭明。天地釀和，鬱鬯斯淸。玉瓚以酌，瑤觴載盈。周流常羊，來燕來寧。

宣明王位酌獻，祐安　廣大建祀，式崇其配。馨香在茲，淸酒既載。穆穆有暉，洋洋如在。聿懷嘉慶，緊神之賚。

亞、終獻，文安　幣玉肅陳，笙簧具舉。桂醑浮觴，瓊羞溢俎。禮有三獻，式和且序。神具醉止，慶流寰宇。

送神，理安　神靈降鑒，天地回旋。惟馨薦矣，既醉歆焉。諸宰斯徹，式禮莫愆。隤祉降祥，天子萬年。

校勘記

〔一〕東海位奠酌獻　據上下文例，「奠」字疑衍。

宋史卷一百三十七

志第九十

樂十二 樂章六

祭太社太稷　祭風雨雷師　祭先農先蠶　親耕藉田　蜡祭

釋奠文宣王武成王　祭祚德廟　祭司中司命

景德祭社稷三首

降神，靜安　百穀蕃滋，麗乎下土。聿崇明祀，垂之千古。育物惟茂，粒民斯普。報本攸宜，國章咸覩。

奠玉幣酌獻，嘉安　於穆大祀，功利相宜。靈壇美報，歷代昭然。介以蕃祉，祚以豐年。土爰稼穡，允協民天。

送神，靜安 制幣犧齊，正辭無愧。樂以送之，畢其精意。

景祐祀社稷三首

迎神，寧安 五祀之本，百貨何極？道著開闢，惠周動植。國崇美穀，民資力穡。奠獻惟寅，神靈來格。

初獻升降，正安；太社、后土、太稷、后稷奠玉幣，並嘉安；奉俎，豐安。同前。

亞、終獻，文安；送神，寧安 神之來兮，降茲下土。神之去兮，杳無處所。壇壝肅然，瘞幣徹俎。乃粒之功，冠于萬古。

奉俎，豐安神州地祇、皇地祇與社稷通用。 禮崇明禋，維馨斯酒。潔粢豐盛，殺時犉牡。齊莊嚴祗，升燎于槱。其報伊何？如山如阜。

大觀祀社稷九首

迎神，寧安

黃鐘二奏 惟土之尊，民食資焉。陰祀昭格，牲牢腥羶。有功于民，告其吉蠲。神之來享，雲車翩翩。

太簇角二奏 惟穀之神，函育無窮。百嘉蕃殖，民依厥功。嚴飭壇壝，威儀肅雍。神之來享，祈于登豐。

姑洗徵二奏　猗歟那歟，生養斯民！家給人足，時底熙純。祗嚴明禋，於薦苾芬。粢盛豐潔，神乃有聞。

南呂羽二奏　籩豆斯陳，三牲告幽。報本之禮，答神之休。來歆芬香，豐登於秋。倉箱千萬，治符成周。

初獻升降，正安　崇崇廣壇，嚴恭祀事。威儀孔時，周旋進止。鏘若環佩，誠通于幽。相于農植，邦其咸休。

奠幣，嘉安　於嘻陰祀，封土惟崇。于時之吉，歆予鼓鍾。柔靜化光，人賴其功。陳茲量幣，百貨是隆。

酌獻，嘉安　坤元生物，功利相宜。蠲茲祀事，美報致虔。淸酤芬如，靈壇肅然。酌尊奠觴，神其格焉！

亞、終獻，文安　薦嘉亶時，洋洋來格。載登茲壇，齊明維敕。神用居歆，順成農穡。其崇若墉，其比如櫛。

送神，寧安　尊罍芬香，威儀肅雍。靈心嘉止，洋洋交通。神歸降禧，年斯屢豐。倉箱千萬，慰予三農。

紹興祀太社太稷十七首

迎神用寧安

函鍾爲宮春社用。　五祀之本，社稷有嚴。芟柞伊始，夫敢不虔。吉日惟戊，式薦豆籩。神其來格，用介有年！

函鍾爲宮秋社、臘用。　功烈在民，誕受露雨。良耜既歌，乃揚帗舞。是奉是尊，厚禮斯舉。相其豐年，多稌多黍。

太簇爲角　是尊是奉，茲率舊章。樂音純繹，薦溢圓方。情文備矣，神其迪嘗！永觀錫羡，多穡穰穰。

姑洗爲徵　穀資土養，民賴穀生。功利之博，莫之與京。式嚴祠壇，因物薦誠。禮具樂奏，惟神顧歆。

南呂爲羽　國主社稷，時祀有常。肅若舊典，報本不忘。粢盛豐潔，歌吟青黃。尊神倏來，百物賓將。

盥洗，正安　祭重齊肅，神格專精。沃洗于阼，涓潔著誠。清明罔矣，熙事備成。以似以續，如坻如京。

升壇，正安　神地之道，粒食有先。歲謹祈報，禮嚴豆籩。降登祼薦，罔或不虔。以似以續，宜屢豐年。

太社位奠玉幣，嘉安春秋太稷、土正、后稷通用。　七發而祭，農祥是祈。籩豆加籩，典禮有彝。惟茲珪幣，用告肅祇。神靈降鑒，錫我繁釐。

太社位奠玉幣，嘉安秋臘太稷、土正、后稷通用。　赫赫媼神，稼穡是司。方是藉斂，報本攸宜。嘉壇建祀，玉帛陳儀。明靈昭格，以介蕃釐。

還位，正安　國主太祀，地道聿神。稷司百穀，利毓惟均。練日新吉，粢盛飶芬。神燕娭矣，福此下民。

捧俎，豐安　嘉承天和，黍稷翼翼。默相農功，緊神之德。俎實犧牲，舊章是式。嗣有豐年，我庾維億。

太社位酌獻，嘉安春社太稷、土正、后稷通用。　封土崇祀，有烈在民。千載不昧，福此人羣。洗爵奠斝，有酒其芬。神具醉止，愷樂欣欣。

太社位酌獻，嘉安秋社臘太稷、土正、后稷通用。　叶氣嘉生，年穀順成。萬億及秭，如坻如京。奉時犉牡，告於神明。歌此良耜，於昭德馨。

亞、終獻，文安　風雨時若，自天降康。稼穡滋殖，自神發祥。穀我婦子，豐年穰穰。報本嚴祀，齊明允臧。

徹豆，娭安　報本之禮，載于甲令。靈壇昭告，神既來聽。徹彼豆籩，精誠斯罄。實惟豐年，農夫之慶。

送神，寧安　乃粒烝民，功昭萬古。國有常祀，薦獻式敍。肅肅雍雍，舊章咸舉。神保聿歸，介我稷黍。

望瘞，正安　地載萬物，民資迺功。報本稱祀，太稷攸同。禮樂旣備，訖埋愈恭。神其降嘏，時和歲豐。

熙寧祭風師五首

迎神，欣安　飄飆而來，淅瀝而下。爰張其旂，爰整其駕。有豆有登，有兆有壇。弭旌柅軔，降止且安。

升降，欽安　盥帨于下，有盤有匜；饋酌于上，有登有彝。服容柔止，進退優止。卽事寅恭，神其休止。

奠幣，容安　育我嘉生，神惠是仰。載致斯幣，庶幾用享。鼓之舞之，式緊爾神。錫福無疆，佑此下民。

亞、終獻，雍安　栗栗壇坫，載是豆觴。醇烈氤氳，普薦芬芳。酌之維宜，獻之維時。民有報侑，靈用安之。

送神，欣安　奠獻紛紛，靈心欣欣。超然而返，衆御如雲。其施伊何？多黍多稌。其祥伊何？不愆厥敍。

大觀祭風師六首

降神，欣安　羽旗雲車，飄飄自天。猗歟南箕，歆嘉升煙！牲饌粢盛，俎簋鉶籩。維神戾止，從空泠然。

初獻升降，欽安　明昭惟馨，威儀孔時。鏘鏘鳴佩，欽薦牲犧。惟恭惟祗，無愆無違。周旋中禮，肅恭委蛇。

奠幣，容安　吹噓于喁，披拂氤氳。衆竅咸作，潛運化鈞。恩大功豐，酬神維恭。嘉贈盈篚，于物有容。

酌獻，雍安　犧尊斯陳，淸酤盈中。芬芬苾苾，馨香交通。明靈來思，歆我精衷。維千萬祀，品物芃芃。

亞、終獻，雍安　淸酤洋洋，虔恭注茲。滌鬯敷宣，神用歆之。尊罍靜嘉，金奏諧熙。於皇肆祀，休我羣黎。

送神，欣安　窈冥無窮，肸蠁斯融。來終嘉薦，歸返遙空。惟神之歸，欣安導和。惟神之澤，于彼滂沱。

雨師五首

迎神，欣安　神之無象，亦可思索。維雲陰陰，維風莫莫。降止壇宇，來顧芳馨。侑以鼓歌，薦此明誠。

升降，欽安　佩玉璆如，黼黻襜如。承神不懈，訖獲嘉虞。聖皇命祀，臣敢弗恭。凡爾在位，翼翼雍雍。

奠幣，容安　崇崇壇堦，靈旣降止。有嚴執奠，承祀茲始。明靈在天，式顧庶察。澤潤以時，永拂荒札。

酌獻，亞、終獻，雍安　寅恭我神，惟上之使。俾成康年，民徯休祉。折俎旣登，醆酒旣盈。匪薦是專，配以明誠。

送神，欣安　牲俎告徹，嘉樂休成。卒事有嚴，燕虞高靈。蕃我民人，育我稷黍。萬有千祀，承神之祜。

紹興祭風師六首

迎神，欣安　夫物絪縕，神氣撓之。誰歟其司？維南之箕。俶哉明庶，我祀維時！我心孔勞，神其下來！

初獻升降、盥洗，欽安　神哉沛矣，厥靈載揚！揚靈如何？熲熲皇皇。我其承之，繩繩齊莊。往從鬱人，爰俠斯芳。

奠幣，容安　物之流形，甚畏瘥癘。八風平矣，嘉生以遂。絲縷之積，有量斯幣。惟本之報，匪物之貴。

酌獻，雍安　我求於神，無臭無聲。神之燕饗，惟時專精。大磬在列，穮燎在庭。侑我桂酒，娭其以聽。

亞、終獻　禮有三祀，儀物視帝。神臨消搖，疇敢跛倚！重觴載申，百味孔旨。神兮樂康，答我以祉。

送神　曲同迎神。

荃其止乎？禗禗其容。奄横四海，蹇莫之窮。時不驟得，禮焉有終。荃其行乎？余心憺憺。

雨師雷神七首

迎神，欣安　衆萬之託，動之潤之。昭格孔時，維神之依。泠然後先，肆我肯顧。是耶非耶？紛其來下。

初獻盥洗、升降，欽安　言言祠宮，爰考我禮。維西有罍，維東有洗。爰潔爰滌，載薦其禮。神在何斯？匪遠具邇。

奠幣，容安　霈兮隱兮，蹶其陰威。相我有終，胡寧不知！我幣有陳，我邸斯珪。豈維有陳，于以奠之。

雨師位酌獻，雍安　山川出雲，裔裔而縷。載霪載濛，其德迺溥。自古有年，胡然莫祖！無簡我觴，無怠我俎。

雷神位酌獻曲同雨師。　瞻彼南山，有虺其出。維蟄之奮，維癘之息。眘焉顧饗，在夏之日。觴豆匪報，皇忍忘德。

亞、終獻曲同初獻。　作解之德，形聲一兮。爰展獻侑，酌則三兮。我興有假，云胡有私！下土是冒，庶其遠而。

送神曲同迎神。　陰旄載旋，鼓車其鞭。問神安歸？冥然而天。皇有正命，祀事孔蠲。其臨其歸，億萬斯年。

雍熙享先農六首餘同祈穀。

降神，靜安　先農播種，九穀務滋。靈壇致享，良耜陳儀。吉日惟亥，運屬純熙。樂之作矣，神其格思。

奠玉幣，歖安　親耕展祀，明靈來格。九有駿奔，百司庀職。獻奠肅肅，登降翼翼。祈彼豐穰，福流萬國。

奉俎，豐安　肅陳韶舞，祗薦犧牲。乃逆黃俎，以率躬耕。

亞獻，正安　祀惟古典，食乃民天。歆茲潔祀，以應祈年。

終獻，正安　式陳芳薦，爰致虔誠。神其降鑒，永福黎甿。

送神，靜安　明禋紺壇，靈風肅然。登歌已闋，神馭將旋。道光帝籍，禮備公田。鑒茲躬稼，永賜豐年。

明道親享先農十首

迎神，靜安　稼政之本，民食惟天。甫田兆歲，后稷其先。靈壇既祀，黛耜攸處。乃聖能享，億萬斯年。

皇帝升降，隆安　冕服在御，壇壝有儀。陟降左右，天惟顯思。

奠玉幣，嘉安　將躬黛耜，先陟靈壇。嘉玉量幣，樂舉禮殫。神既至止，福亦和安。千斯積詠，萬國多歡。

奉俎，豐安　將迎景福，乃薦嘉牲。籍于千畝，用此精誠。

皇帝初獻，禧安　雲罍已實，玉爵有舟。薦于靈籍，佇乃神休。

飲福，禧安　神既至饗，福亦來酬。申錫純嘏，旨酒惟柔。思文后稷，貽我來牟。子孫千億，丕荷天休。

退文舞、進武舞，正安　羽葆有奕，文武交相。周旋合度，福祿無疆。

亞獻，正安　豆籩雖薦，黍稷非馨。惠我豐歲，歆茲至誠。

終獻，正安　歆我嘉薦，錫我蕃禧。多黍多稌，如京如坻。

送神，靜安　獻終豆徹，禮備樂成。祠容肅肅，風馭冥冥。三時務本，一撥躬耕。人祇胥悅，祉福是膺。

景祐饗先農五首

迎神，凝安　在昔神農，首茲播殖。無有汚萊，盡爲稼穡。乃粒斯民，實惟帝力。嘉薦令芳，佇瞻來格。

升降，同安　居德之厚，厥祀攸陳。土膏初脉，農事先春。鏗然金奏，儼若華紳。陟降于阼，福祿惟神。

奠幣，明安　農爲政本，食乃民天。苾芬明祀，薦蓘良田。陳茲量幣，望彼豐年。茂介福祉，來欽吉蠲。

酌獻，成安　農祥晨正，平秩東作。倬彼大田，庤乃錢鎛。酒醴盈尊，金璆合樂。期茲萬年，充于六幕。

送神，凝安　務嗇之本，恤祀惟馨。神斯至止，降福攸寧。崇茲稼政，合于禮經。俎徹樂闋，邈仰迴靈。

先蠶六首

迎神，明安　生民之朔，衣皮而羣。惟聖有作，被冒以文。禮樂以成，貴賤以分。欲報之德，金石諧均。

升降，翊安　掩抑笙簫，鏗鈜金石。神來宴娭，嘉我休德。奉祀之臣，洗心翊翊。錫茲福禧，以惠四國。

奠幣，娭安　皇天降物，屢化若神。聖賽先識，躬以教民。功被天下，爲萬世文。幣以達志，庶幾徹聞。

酌獻，美安　敻哉聖神，成功微妙！迺衮迺裳，以供郊廟。百末旨酒，嘉觴自炤。靈徠宴饗，不嚬以笑。

亞、終獻，惠安　神之徠，駕蹌蹌。紫壇熙，燭夜光。會竽瑟，鳴球琅。薦旨酒，雜蘭芳。佑明德，錫百祥。

送神，祥安　神之功兮，四海所宗。占五帝兮，莫與比崇。倏往來兮，旌騎容容。恭明祀兮，萬世無窮。

紹興享先農十一首

皇帝入內壝盥洗，隆安　大事在祀，齊潔爲先。既盥而升，奉以周旋。下觀而化，無敢不蠲。惟神降格，監厥精虔。

迎神，靜安　猗歟田祖，粒食之宗！世世仰德，青壇載崇。時惟后稷，躬稼同功。作配並祀，以詔無窮。

神農、后稷位奠幣，嘉安　制爲量幣，厚意是將。求之以類，各因其方。于以奠之，精誠允彰。神其享止，惠我無疆。

尙書奉俎，豐安　柔毛剛鬣，或剝或烹。爲俎孔碩，登薦厥誠。

酌獻，禧安　蠲滌醆斝，巾帨而升。挹彼注茲，酒醴維清。洋洋在上，享于克誠。神其孚佑，以厚民生。

文舞退、武舞進，正安　羽毛干戚，張弛則殊。進旅退旅，匪棘匪舒。

亞獻，正安　顯相祀事，濟濟鏘鏘。舉斝酌醴，神其允臧。

終獻，正安　殽核維旅，酒醴維馨。于再于三，禮則有成。

飲福，禧安　幽明位異，施報理同。克恭明神，降福乃豐。我膺受之，來燕來崇。豈伊專饗，于彼三農。

徹豆，歆安　莫重於祭，非禮不成。籩豆有踐，爾殽既馨。神具醉止，薦以齊明。贊徹孔時，蠶事斯成。

送神，靜安　神之來止，風馳雲翔。神之旋歸，有迎有將。歌以送之，磬筦鏘鏘。何以惠民？豐年穰穰。

親耕藉田七首

皇帝出大次，乾安　勤勞稼穡，必躬必親。爲藉千畝，以教導民。帝出乎震，時惟上春。天顏咫尺，望之如雲。

親耕　元辰既擇，禮備樂成。洪縻在手，祗飾專精。三推一墢，端冕朱紘。靡辭染屨，以示黎甿。

升壇　方壇屹立，陛級而登。玉色下照，臨觀耦耕。萬目咸覩，如日之升。成規成矩，百祿是膺。

公卿耕藉　羣公顯相，奉事齋莊。率時農夫，舉耜載揚。播厥百穀，以佑我皇。多黍多稌，丕應農祥。

羣官耕藉　畟畟良耜，我田既臧。土膏其動，春日載陽。執事有恪，于此中邦。農夫之慶，棲畝餘糧。

降壇　肇新帝藉，率我農人。三推終畝，祗事咸均。陟降孔時，粲然有文。受天之祜，多稼如雲。

歸大次　教民稼穡，不令而行。進退有度，琚瑀鏘鳴。言還熉幄，禮則告成。帝命率育，明德惟馨。

紹興祀先農攝事七首

迎神，凝安　青陽開動，土膏脉起。日練吉亥，爲農祈祉。典秩增峻，儀物具美。幄光熉黃，庶幾戾止。

初獻升殿，同安盥洗同。　率職咸涖，禮容睟然。澡身端意，陟降靡愆。神心嘉虞，饗茲潔蠲。敷錫純佑，屢登豐年。

奠幣，明安　靈斿載臨，見先陳贄。有嚴篚實，式將純意。肸蠁既接，禮行有次。神兮安留，歆我禋祀。

神農位酌獻，成安　耒耜之教，帝實開先。致養垂利，古今民天。嘉薦報本，于以祈年。誠格和應，神娭福延。

后稷位酌獻，成安　有周膺曆，實起后稷。相時豐功，率由稼穡。振古稱祀，先農並食。阜我昌我，時萬時億。

亞、終獻，同安　旨具百味，酌備三疇。貳觴既畢，禮洽意周。庶幾嘉饗，格神之幽。相我禴事，錫以有秋。

送神，凝安　熙事成兮，始終潔齊。籩豆徹兮，撙節靡垂。靈有嘉兮，降福孔皆。票然逝兮，我心孔懷。

祀先蠶六首

迎神，明安　功被寰宇，儀蟲之靈。有神司之，以生以成。典禮有初，祀事講明。孔蓋翠旌，降集于庭。

初獻盥洗、升殿，翊安降同。　靈修戾止，詔以毛血。既盥而帨，尊爵蠲潔。金石諧宛，登降有節。宜顧宜饗，情文不越。

奠幣，娛安　化日初長，時當暮春。蠶事方興，惟后惟嬪。絲纊御冬，殘生濟人。敢忘報本，篚幣是陳。

酌獻，美安　盛服承祀，出自公桑。衣不羽皮，利及萬方。百味旨酒，有飶其香。神其歆止，洋洋在傍。

亞、終獻，惠安　日吉辰良，禮備樂作。精誠內孚，俎豆交錯。升歌淸越，侑此三爵。黎民不寒，幽顯同樂。

送神，祥安　神之來矣，靈風肅然。云胡不留？歸旐有翩。乃舉舊典，歲以告虔。降福我邦，於萬斯年。

景德蜡祭百神三首

降神，高安　百物蕃阜，四方順成。通其八蜡，合乃嘉平。旨酒斯醇，大庖孔盈。萬靈來格，威儀以成。

奠玉幣酌獻，嘉安　肅肅靈壇，昭昭上天。潔粢豐盛，以享以虔。百神咸萃，六樂斯縣。介茲景福，期於有年。

送神，高安　來顧來享，禮成樂備。靈馭翩翩，雲行雨施。

熙寧蜡祭十三首

東西郊降神，熙安　天錫康年，四方順成。乃通蜡祭，索享于明。金石四作，羽旄翠旌。神來宴娭，澤被羣生。

升降，肅安　惟蜡有祭，報神之功。合聚萬物，來享來宗。承詔攝事，不忘肅雍。靈之格思，福祿來崇。

奠幣，欽安　穰穰豐年，緊侯休德。帥承天和，欽象古則。嘉玉量幣，奠容翼翼。靈施暨民，罔有終極。

奉俎，承安　禮崇明祀，必先成民。奉牲以告，備腯其均。炮炙芬芬，俎豆莘莘。錫之純嘏，以佑斯人。

酌獻，懌安　秩秩禮文，爲壇四方。嘉栗旨酒，百神迪嘗。敷與萬物，既阜既昌。伊樂厥福，傳世無疆。

亞、終獻，慶安　禮文備矣，肅肅無譁。金石諧節，圭璧光華。粢以告豐，醴以告嘉。錫茲福祉，以澤幽遐。

送神，宣安　靈之來下，擴景乘光。靈之迴御，景龍以驤。鑒我休德，降嘏產祥。大田多稼，以惠無疆。

南北方迎神，簡安　美若休德，民和歲豐。稼穡雲施，其積如墉。惠我四國，先嗇之功。祭之百種，來享來宗。

升降，穆安　皇皇靈德，經緯萬方。承詔攝事，陟降以莊。高冠岌峩，長佩鏘洋。嘉承神貺，令聞不忘。

奠幣，吉安　於穆明祀，莫如報功。靈之利澤，惠我無窮。齋以滌志，幣以達衷。撫寧四極，永錫登豐。

酌獻，禔安　英英禮文，既備而全。嚴嚴四郊，屹屹紫壇。百末旨酒，其敷若蘭。何以畀民？既壽而安。

亞、終獻，曼安　林林生民，含哺而嬉。敎之稼穡，實神之爲。圖報厚德，萬祀無期。以假以享，錫我繁禧。

送神，成安　嘉薦芳美，靈來宴娭。斿車結雲，若風馬馳。既至而喜，錫我蕃禧。嘉承天貺，曼壽無期。

大觀蜡祭二首

東郊亞、終獻，慶安　震乘春陽，仁司生殖。錫我歲豐，襄我民力。誰其尸之？宗子先嗇。億萬斯年，懷神罔極。

南郊升降，穆安　穆如薰風，敷舒文藻。氣蒸消除，豐予黍稻。神之聽之，鍾鼓咸考。於萬斯年，惟皇之報。

紹興以後蜡祭四十二首

東方百神降神，熙安

圜鍾爲宮　玄冥凌厲，歲聿其周。天地閉藏，農且息休。古大蜡禮，伊耆肇修。爰薦飶馨，以迓飈游。

黃鍾爲角　惟大明尊，實首三辰。功赫庶物，光被廣輪。歲方索饗，咸秩羣神。

靈斿來下，尸此明禋。

太簇爲徵　三時不害，四方順成。酬功報始，以我齊明。豳頌土鼓，樂此嘉平。降祥幅員，惠于函生。

姑洗爲羽　日昱乎晝，容光必照。肸蠁之交，惟人所召。有監在下，視茲升燎。肅若其承，雲軿星曜。

初獻升降，肅安　禮儀告具，心儼容莊。工歌屢奏，聲和義章。崇壇陟降，濟濟蹌蹌。靈光共仰，嘉薦芬芳。

大明位奠玉幣，欽安　晨曦未融，天宇澄穆。有虔秉誠，將以幣玉。如在左右，罔不祗肅。神兮安留，錫以祉福。

帝神農氏位奠幣曲同大明。　農爲政本，食乃民天。神農氏作，民始力田。先嗇之配，禮報則然。有幣將之，維以告虔。

后稷氏位奠幣曲同大明。　播種之功，時惟后稷。推以配天，莫匪爾極。崇侑淸祀，是爲司嗇。陳幣奠將，永祚王國。

奉俎，承安　享以精禋，馨非稷黍。工祝致告，孔碩爲俎。執事駿奔，繩繩具舉。神之嘉虞，介福是與。

大明位酌獻，擇安　肇禋備祀，敎民美報。時和歲豐，奉醴以告。惟照臨功，等於載燾。酌獻云初，明神所勞。

神農位酌獻曲同大明。惟酒欣欣，惟神冥冥。是顧是饗，來燕來寧。耒耜之利，神所肇興。萬世永賴，無斁其承。

后稷位酌獻曲同大明。釋之蒸之，爲酒爲醴。推本所由，於焉洽禮。周邦開基，郃家是啓。獻茲嘉觴，拜下首稽。

亞、終獻，慶安　中以貳觴，百味且旨。禮告三終，神具醉止。旌容騎沓，揚光紛委。降福穰穰，被大豐美。

送神，宣安　禮樂既成，神保聿歸。言歸何所？地紀天維。豈惟屢豐，嗣歲所祈。億萬斯年，神來燕娭。

西方百神降神，熙安

圜鍾爲宮　玄冬肇祀，始于伊耆。歲事聿成，庸答蕃釐。眷言西顧，匪神司之。歸功爾神，嗣其下來。

黃鍾爲角　魄生自西，照望太陽。下暨諸神，貺施萬方。節適風雨，富我囷箱。共承嘉祀，惟以迪嘗。

太簇爲徵　神罔小大，奠方茲土。祭列坊庸，禮追猫虎。有功斯民，祀乃其所。非稷馨香，厥福周溥。

姑洗爲羽　豐年穰穰，美芳職職。籩豆方圓，其儀孔碩。風馬在御，雲車載飭。來顧來饗，維侯休德。

初獻升降，肅安　盥獻恭莊，燎煙芬酷。載陟載降，禮容可度。欽惟爾神，上下肅肅。成我稷黍，鑒此牲玉。

夜明位奠玉幣，欽安　穆穆太陰，禮嚴姊事。璧玉華光，推以哀對。十二周天，歲乃有終。盡我備物，莫報元功。

神農位奠幣曲同夜明。　耒耜肇興，自神農氏。稼穡滋殖，爲農者始。作配明祀，奠以告虔。萬世佃漁，帝功卓然。

后稷位奠幣曲同夜明。　明明周祖，惟民之恤。播種爲教，下民洒粒。曾是粢饗，而匪先公。萬物難報，阡陌之功。

奉俎，承安　時和歲登，物亡疾瘯。實俎間膏，報神之福。匪神福之，曷成且豐！肥腯咸有，惟神之功！

夜明位酌獻，擇安　除壇西郊，坎其擊鼓。百靈至止，結璘作主。秬鬯湛淡，玉斝觩[illegible]。

是謂嘉德，神其安留。

神農位酌獻曲同夜明。　蕩蕩鴻明，稱秩羣祀。配以昔帝，式重農事。潔我圭瓚，黃流在中。靈其監茲，肸蠁豐融。

后稷位酌獻曲同夜明。　歲十二月，祀有常典。祭列司嗇，言反其本。酌彼泰尊，百末蘭生。承神嘉虞，緊此德馨。

亞、終獻，慶安　歌磬臚驩，簫蕭激香。飈御奄留，中以貳觴。相與震澹，告靈其醉。庶幾聽之，成我熙事。

送神，宣安　禮備樂成，澹然將歸。其留消搖，象輿已轙。偃蹇欲驤，羽毛紛委。忽乘杳冥，遺此福祉。

南方百神迎神，簡安　維物之精，散乎太空。維索之饗，合聚而同。洒擊土鼓，于歲之終。格彼幽矣，肸蠁其通。

初獻盥洗、升降，穆安　有帨其新，有匜其潔。言念淸祀，弗簡弗褻。誠意旣交，品物斯列。是用告虔，靡神不說。

奠幣，吉安　百室機杼，衣褐具宜。民以卒歲，神實惠之。言舉祀典，答神之釐。有篚斯陳，振古如茲。

神農位酌獻，穆安　肇降生民，有不粒食。維時神農，迺爲先嗇。爾耒爾耨，云誰之因。酌以汙尊，我思古人。

后稷位酌獻，穆安　維后之功，配天其大。祀而稷之，萬世如在。黃冠野服，駿奔皇皇。自古有年，神其降康。

亞、終獻，曼安　豐年孔多，百禮以洽。匪極神歡，何以昭答！載酌之酒，用申其勤。神具醉止，與物交欣。

送神，成安　卒爵樂闋，禮儀告備。神保聿歸，敢以辭致。順成之方，其蜡乃通。自今以始，八方攸同。

北方百神迎神，簡安　蕩蕩閶決，氣淸泬寥。彷彿象輿，麗于穹霄。蹇其來下，肅然風票。神乎安留，於焉消搖。

初獻盥洗、升降，穆安　齊誠揭虔，敬恭祀事。維儼之容，維潔之器。雍雍樂成，肅肅禮備。神其燕娭，錫祉庶類。

奠幣，吉安配位同。　神宅于幽，呦呦沈沈。至和塞明，考我德音。神聽靜嘉，儼乎若臨。幣以薦誠，敢有弗欽。

神農氏位酌獻，禔安　先嗇之功，神實稱首。以耜以耒，俶載南畝。列籍皇墳，億世是守。

何以爲報？爰潔茲酒。

后稷氏位酌獻，禔安　煌煌后稷，實配于天。司嗇作稼，民以有年。匪神之私，歲以醴告。酌彼泰尊，于德之報。

亞、終獻，曼安　蘭生百末，申以貳觴。神具醉止，爛其容光。遺我豐年，萬億及秭。俾民驩康，以洽百禮。

送神，成安　靈之來兮，虯龍沓沓。下土光景，憑陵閶闔。靈之旋兮，羽衞委蛇。偃蹇高驤，遺此蕃釐。

景祐祭文宣王廟六首

迎神，凝安　大哉至聖，文教之宗！紀綱王化，丕變民風。常祀有秩，備物有容。神其格思，是仰是崇。

初獻升降，同安　右文興化，憲古師今。明祀有典，吉日惟丁。豐犧在俎，雅奏來庭。周旋陟降，福祉是膺。

奠幣，明安　一王垂法，千古作程。有儀可仰，無德而名。齊以滌志，幣以達誠。禮容合度，黍稷非馨。

酌獻，成安　自天生聖，垂範百王。恪恭明祀，陟降上庠。酌彼醇旨，薦此令芳。三獻成禮，率由舊章。

飲福，綏安　犧象在前，豆籩在列。以享以薦，既芬既潔。禮成樂備，人和神悅。祭則受福，率遵無越。

兗國公配位酌獻，成安哲宗朝增此一曲。　無疆之祀，配侑可宗。事舉以類，與享其從。嘉栗旨酒，登薦惟恭。降此遐福，令儀肅雍。

送神，凝安　肅肅庠序，祀事惟明。大哉宣父，將聖多能！歆馨肸蠁，迴馭凌兢。祭容斯畢，百福是膺。

大觀三年釋奠六首

迎神，凝安　仰之彌高，鑽之彌堅。於昭斯文，被于萬年。峩峩膠庠，神其來止。思款無窮，敢忘于始。

升降，同安　生民以來，道莫與京。温良恭儉，惟神惟明。我潔尊罍，陳茲芹藻。言升言旋，式崇斯教。

奠幣，明安　於論鼓鍾，于茲西雍。粢盛肥碩，有顯其容。其容洋洋，咸瞻像設。幣以達誠，歆我明潔。

酌獻，成安　道德淵源，斯文之宗。功名糠粃，素王之風。碩兮斯牲，芬兮斯酒。綏我無疆，與天爲久。

配位酌獻，成安　儼然冠纓，崇然廟庭。百王承祀，涓辰惟丁。于牲于醑，其從予享。與聖爲徒，其德不爽。

送神，凝安　肅莊紳緌，吉蠲牲犧。於皇明祀，薦登惟時。神之來兮，肸蠁之隨。神之去兮，休嘉之貽。

大晟府擬撰釋奠十四首

迎神，凝安

黃鍾爲宮　大哉宣聖，道德尊崇！維持王化，斯民是宗。典祀有常，精純並隆。神其來格，於昭盛容。

大呂爲角　生而知之，有教無私。成均之祀，威儀孔時。維茲初丁，潔我盛粢。永適其道，萬世之師。

太簇爲徵　巍巍堂堂，其道如天。清明之象，應物而然。時維上丁，備物薦誠。維新禮典，樂諧中聲。

應鍾爲羽　聖王生知，闡迺儒規。詩、書文教，萬世昭垂。良日惟丁，靈承不爽。揭此精虔，神其來饗。

初獻盥洗，同安　右文興化，憲古師經。明祀有典，吉日惟丁。豐犧在俎，雅奏在庭。周旋陟降，福祉是膺。

升殿，同安　誕興斯文，經天緯地。功加于民，實千萬世。笙鏞和鳴，粢盛豐備。肅肅降登，歆茲秩祀。

奠幣，明安　自生民來，誰底其盛！惟王神明，度越前聖。粢幣具成，禮容斯稱。黍稷非馨，惟神之聽。

奉俎，豐安　道同乎天，人倫之至。有饗無窮，其興萬世。既潔斯牲，粢明醑旨。不懈以忱，神之來暨。

文宣王位酌獻，成安　大哉聖王，實天生德！作樂以崇，時祀無斁。清酤惟馨，嘉牲孔碩。薦羞神明，庶幾昭格。

兗國公位酌獻，成安　庶幾屢空，淵源深矣。亞聖宣猷，百世宜祀。吉蠲斯辰，昭陳尊簋。旨酒欣欣，神其來止。

鄒國公位酌獻，成安　道之由興，於皇宣聖。惟公之傳，人知趨正。與饗在堂，情文實稱。萬年承休，假哉天命。

亞、終獻用文安　百王宗師，生民物軌。瞻之洋洋，神其寧止。酌彼金罍，惟淸且旨。登獻惟三，於嘻成禮。

徹豆，娛安　犧象在前，豆籩在列。以饗以薦，旣芬旣潔。禮成樂備，人和神悅。祭則受福，率遵無越。

送神，凝安　有嚴學宮，四方來宗。恪恭祀事，威儀雍雍。歆茲惟馨，飇馭旋復。明禋斯畢，咸膺百福。

景祐釋奠武成王六首

迎神，凝安　維師尙父，四履分封。靈神峻密，祀事寅恭。蕭薌祗薦，飇馭排空。如幾如式，福祿來崇。

太尉升降，同安　上公攝事，袞服斯皇。禮容濟濟，佩響鏘鏘。靈斿惚怳，嘉薦令芳。神具醉止，降福穰穰。

奠幣，明安　四嶽之裔，涼彼武王。發揚蹈厲，周室用昌。追封廟食，簡册增芳。升幣以奠，磬筦鏘鏘。

酌獻，成安　獵渭之陽，理冥嘉應。非龍非彪，聿求元聖。平易近民，五月報政。祀典之崇，於斯爲盛。

飮福，綏安　神機經武，隆周之寓。表海分封，邁燕超魯。耽耽廟貌，俎豆有序。薦福邦家，維師尙父。

送神，凝安　聖朝稽古，崇茲武經。禮交樂舉，于神之庭。嘉栗旨酒，旣饗芳馨。永嚴列象，劍舄簪纓。

熙寧祀武成王一首

初獻升降，同安　武德洸洸，日靖四方。百王所祀，休有烈光。命官攝事，佩玉鏘鏘。思皇多祜，以惠無疆。

大觀祀武成王一首

酌獻，成安　涼彼周王，君臣相遇。終謀其成，諸侯來許。洋洋神靈，尊載酒醑。新聲爲侑，笙簫備舉。

紹興釋奠武成王七首

迎神，凝安，姑洗爲宮　於赫烈武，光昭古今。載嚴祀事，敕備惟欽。旣潔其牲，旣諧其音。神之格思，來顧來歆。

初獻升殿，同安　肅肅廟中，有嚴階墄。匪棘匪徐，進退可則。冕服是儀，環珮有節。神之鑒觀，率履不越。

奠幣，明安　祀率舊典，禮崇駿功。齊明衷正，肸蠁豐融。量幣肅備，周旋鞠躬。神其昭受，幽贊無窮。

正位酌獻，成安　赫赫尙父，時維鷹揚。神潛韜略，襟抱帝王。談笑致主，竹帛流芳。國有嚴祀，載稽典常。

留侯位酌獻　眷彼留侯，奇籌贊漢。依乘風雲，勒成功旦。克配明禋，儀刑有煥。英氣如生，來格來衎。

亞、終獻，正安　道助文德，言爲世師。功名不泯，祀事無遺。旨酒惟馨，具醉在茲。有嘉累獻，神其燕娭。

送神　日惟上戊，神顧精純。禮備三獻，樂成七均。奄留洋洋，流福無垠。言還怳惚，空想如存。

紹興祀祚德廟八首

迎神，凝安，姑洗爲宮　匿孤立後，惟義惟忠。昔者神考，追錄乃功。祀典載加，進爵錫公。神兮降格，尙鑒褒崇。

初獻升降，同安　廟宇更新，輪奐豐敞。神靈如在，英姿颯爽。執事進趨，降升俯仰。威儀翼翼，虔祈歆饗。

奠幣，明安　牲薦碩大，幣致精純。聿升祀事，茲用兼陳。篚篚既實，奠獻惟寅。饗我至意，福祿來成。

彊濟公位酌獻，咸安　以身託孤，實惟死友。撫嫗長之，若父若母。潛授于韓，克興厥後。崇廟以獻，德侈報厚。

英略公位酌獻，咸安　立孤固難，死亦匪易。義輕一身，開先趙嗣。肅穆廟貌，烈有餘氣。式旋嘉薦，昭哉祀事！

啓佑公位酌獻，咸安　於皇時宋，永祚有基。始緊覆護，扶而立之。敢忘昭答，牲分酒醨。靈其燕饗，益相本支。

亞、終獻用正安　呦呦靈宇，神安且翔。三哲鼎峙，中薦嘉觴。凜若義氣，千載彌光。猗其祐之，錫羨無疆。

送神，凝安　禮樂云備，畢觴爾神。翊翊音送，轙輿若聞。駕言歸兮，靈斿結雲。祚我千億，介福來臻。

司中司命五首

迎神，欣安　冠峩峩兮，服章甤甤。靈來下兮，進止委蛇。我涓我壇，我潔我俎。降輿卻旌，於茲享御。

升降，欽安　紳緌舒舒，佩環鏗鏗。陟降上下，壇燎光明。有盥于罍，有帨于巾。不吳不敖，庶以安神。

奠幣，容安　我誠既潔，我豆既豐。神來降斯，有儼其容。薦此嘉幣，肅肅雍雍。何以侑之？於樂鼓鍾。

酌獻，雍安　酌茲旨酒，既盈且芬。式用來歆，衎衎熏熏。何以寧神？薦有嘉籩。何以錫民？曰惟豐年。

送神，欣安　雲兮飄飄，風兮稜稜。飈馭返空，杲日來昇。歸旆揚揚，衆樂鏘鏘。我神式懽，惠我嘉祥。

五龍六首

迎神，禧安　靈之智兮，躍漢潛幽。欲豢擾兮，無董與劉。陳金石兮，佐侑牢羞。庶燕享兮，澤應民求。

升降，雅安　靈之至兮，逸駕騰驤。噓雲吸氣，承祀日光。展詩鳴律，肅莊琳琅。何以膺神？　貺惠無疆。

奠幣，文安　維靈德兮，變化不常。沛天澤兮，周流八荒。奠嘉幣兮，肅雍不忘。永佑民兮，錫以豐穰。

酌獻，愷安　練吉日兮，進神之堂。牲旣陳兮，粢盛旣香。奠桂酒兮，容與嘉觴。靈安留兮，錫我福祥。

亞、終獻，嘉安　明明天子，禮文咸秩。矧神之功，橫被九域。雲施稱民，物產滋殖。嘉承惠和，罔有終極。

送神，登安　靈之來下，以雨先驅。靈之旋馭，五雲結車。操環應夏，發匣瑞虞〔一〕。眞人在御，來獻珍符。

校勘記

〔一〕操環應夏發匣瑞虞　「瑞」原作「端」。按此二句係據舊唐書卷三〇音樂志享龍池樂章第六章「操環昔聞迎夏啓，發匣先來瑞有虞」爲文；佩文韻府卷一〇六「發匣」條引宋史祭五龍樂章也作「操環應夏，發匣瑞虞」，「端」係「瑞」之訛，故改。

宋史卷一百三十八

志第九十一

樂十三 樂章七

朝會　御樓肆赦　恭上皇帝皇太后尊號上

建隆乾德朝會樂章二十八首

皇帝升坐，隆安　天臨有赫，上法乾元。鑾鏘六樂，儼恪千官。皇儀允肅，玉坐居尊。文明在御，禮備誠存。

公卿入門，正安　堯天協紀，舜日揚光。淑愼爾止，率由舊章。佩環濟濟，金石鏘鏘。威儀炳煥，至德昭彰。

上壽，禧安　乾健爲君，坤柔曰臣。惟其臣子，克奉君親。永御皇極，以綏兆民。稱觴獻壽，山岳嶙峋。　舜韶更奏，堯酒浮觴。　皇情載懌，洪算無疆。　基隆郟鄏，德茂陶唐。　山巍日煥，地久天長。

皇帝舉酒，第一盞用白龜　聖德昭宣，神龜出焉。　載白其色，或游于川。　名符在沼，瑞應巢蓮。　登歌丹陛，紀異靈篇。

第二盞，甘露　天德冥應，仁澤載濡。　其甘如醴，其凝若珠。　雲表潛結，顥英允敷。　降于竹柏，永昭瑞圖。

第三盞，紫芝　煌煌茂英，不根而生。　蒲茸奪色，銅池著名。　晨敷表異，三秀分榮。　書于瑞典，光我文明。

第四盞，嘉禾　嘉彼合穎，致貢升平。　異標南畝，瑞應西成。　德至于地，皇祇效靈。　和同之象，煥發祥經。

第五盞，玉兔　盛德好生，網開三面。　明視標奇，昌辰乃見。　育質雪園，淪精月殿。　著於樂章，色含江練。

羣臣舉酒，正安　戶牖嚴丹扆，鵷鷺簉紫庭。　懇祈南岳壽，勢拱北辰星。　得士於茲盛，基邦固以寧。　誠明一何至，金石與丹青。　簪紱若雲屯，晨趨閶闔門。　侁侁羅禹會，濟濟奉堯罇。　周禮觀明備，天儀仰睟溫。　高卑陳表著，同拱帝王尊。　待漏造王庭，威儀盛莫京。紛綸簪組列，淸越佩環聲。禮飲終三爵，韶音畢九成。永同鳧藻樂，千載奉升平。

羣臣第一盞畢，作玄德升聞　治定資神武，功成顯睿文。貢輸庭實旅，朝會羽儀分。偃革千年運，垂衣萬乘君。孰知堯、舜力，明德自升聞。　約法皇綱正，崇文寶曆昌。遒人振木鐸，農器鑄干將。瑞日含王宇，卿雲藹帝鄉。萬邦成一統，鴻祚與天長。

六變　宸扆威容盛，聲明禮樂宣。九州臻禹會，萬國戴堯天。貢職輸琛賮，皇猷煥簡編。含和均暢茂，鴻慶結非煙。　朝會儼威儀，司常建九旗。舞容分綴兆，文物辨威蕤。運格桃林牧，祥開洛水龜。帝功潛日用，化俗自登熙。　螭階聊載筆，紀瑞軼唐、虞。丹鳳儀金奏，黃龍負寶圖。羣材薪棫樸，仁政煦蒲盧。蕩蕩巍巍德，豚魚信自孚。　接聖宅神都，方來五達區。國賢熙帝載，靈命握乾符。至化當純被，斯文益誕敷。車書今混一，聖治奉三無。　聖皇臨大寶，八表湊才賢。經緯文天賦，剛柔德日宣。建邦隆柱石，造物運陶甄。共致升平業，綿長保億年。　神化妙無方，巍巍邁百王。鶴書搜隱逸，龍陛策賢良。拱揖朝羣后，賓筵闢四方。　洪圖基億載，淳曜德彌光。

第二盞畢，天下大定　皇猷敷八表，武誼肅三邊。蘭錡韜兵日，靈臺偃伯年。奉珍皆述職，削衽盡朝天。功德超前古，音徽播管弦。伐叛天威震，恢疆帝業多。削平侔肅殺，涵煦極陽和。蹈厲觀周舞，風雲入漢歌。功成推大定，歸馬偃琱戈。

六變　惕厲日乾乾，潛蟠或躍淵。伐謀參上策，受鉞總中堅。田訟歸周日，民謠戴舜年。風雲自冥感，嘉會翼飛天。壺關方逆命，投袂起親征。虎旅聊攻伐，梟巢遽蕩平。天威清朔漠，仁澤被黎氓。按節皇輿復，洋洋載頌聲。蠢茲淮海帥，保據毒黎苗。不悟龍興漢，猶同犬吠堯。六師方雨施，孤壘自冰消。千載逢嘉運，華夷奉聖朝。上游荆楚要，澤國洞庭深。自識同文世，皆迴拱極心。一戎聊杖鉞，九土盡輸金。大定功成後，薰風入舜琴。席卷定巴、邛，西遐盡率從。岷、峨難負阻，江、漢自朝宗。沚職方舟集，驅車九折通。粲然書國史，冠古耀豐功。銳旅慶回旋，邊防盡晏然。鞬櫜方偃武，飛將亦韜弦。震曜賚平壘，文明協麗天。洸洸成大業，赫奕在青編。

淳化中朝會二十三首

上壽，和安　四序伊始，三陽肇開。條風入律，玉琯飛灰。望雲肅謁，鳴佩斯來。稱觴獻壽，瞻拱星迴。一陽應候，萬國同文。天正紀節，太史書雲。凝旒在御，列敍爰分。壽觴斯薦，祝慶明君。

皇帝初舉酒，用祥麟　聖皇御寓，仁獸誕彰。在郊旅貢，游時呈祥。星辰是稟，草木無傷。紀異信史，登歌太常。

再舉酒，丹鳳　九苞薦瑞，戴德膺仁。藻翰爰奮，靈音載振。非時不見，有道則臻。降岐匪匹，儀舜爲隣。

三舉酒，河清　沔彼涇瀆，澄明鑑如。淸應寶運，光涵帝居。洞分沈璧，徹見游魚。聖祚無極，神休偉與。

四舉酒，白龜　稽彼靈物，允昭聖皇。浮石可躡，巢蓮益光。金方正色，介族殊祥。信書永耀，帝德無疆。

五舉酒，瑞麥　芃芃嘉麥，擢秀分岐。甘露夕洒，惠風晨吹。良農告瑞，循吏稱奇。歸美英主，折而貢之。

羣臣初舉酒畢，作化成天下　軒、昊方同德，成、康粗比肩。素風惟普暢，皇道本無偏。陰魄重輪滿，陽精五色圓。要荒咸率服，卓越聖功全。　聖德比陶唐，千年祚運昌。茂功雖不宰，鴻業自無疆。極塞咸淸謐，齊民益阜康。文明同日月，遐邇仰輝光。

六變　蕩蕩無私世，巍巍至聖君。山河分國寶，日月耀人文。厭浥凝甘露，輪囷吐慶雲。正聲兼大雅，洋溢應南薰。　鴻範合彝倫，調元四序均。歲功天吏正，御苑物華新。底貢陳方物，來賓列遠人。奉常呈九奏，嘉貺動穹旻。大君隆至化，興運契千齡。覲禮俄班瑞，夷賓盡實庭。成文調露樂，奉聖拱辰星。舞佾方更進，朝陽上棼萍。禮樂昭王業，寰區致太平。革車停北狩，雲稼屢西成。國有詳延詔，鄉聞講誦聲。日華融五色，遐邇仰文明。亭障戢干戈，人心浹太和。務農登寶穀，獵俊設雲羅。儀鳳書良史，祥麟載雅歌。嘉辰資宴喜，星拱弁峩峩。冠古耀鴻徽，深仁及隱微。二南、江漢詠，九奏鳳凰飛。設虡羅鏞律，盈庭列舞衣。文明資厚德，怡懌兆民歸。

再舉酒畢，威加海內　革輅征汾、晉，隳城比燎毛。桓桓勗軍旅，將將御英豪。神武誠無敵，天威詎可逃。王師宣利澤，霈若沃春膏。振萬方明德，疾徐咸可觀。鏗鏘動金奏，蹈厲總朱干。夾進昭威武，申嚴警宴安。守方推猛士，當用鶡爲冠。

六變　宣榭始觀兵，桓桓稱鼓行。一戎期大定，載纘議徂征。善政從師律，神功冀武成。勗哉勤誓衆，王業自經營。聲教方柔遠，甌、閩禮可招。獻圖連日際，歸國象江潮。撫運重熙盛，提封萬里遙。還同有虞氏，文德格三苗。南暨宣皇化，東吳奉乃神。舞干方耀德，執玉自來賓。巢伯朝丹陛，韓侯覲紫宸。古今歸一揆，懷遠道彌新。遺俗續陶唐，來蘇徯聖皇。布昭湯弔伐，恢復漢封疆。金鉞申戡剪，朱干示發揚。宜哉七德頌，千載播洋洋。乃眷嘗西顧，偏師暫首征。靈旗方直指，獷俗自亡精。禹敍終馴致，堯封漸化成。不須嚴尉候，於廓海彌淸。干戚有司傳，威容著凱旋。象成王業盛，役輟武功全。兵寢西郊閱，書惟北闕縣。聖神膺景命，卜世萬斯年。

景德中朝會一十四首

皇帝升坐，隆安　金奏在庭，羣后在位。天威煌煌，嚮明負扆。高拱穆淸，弁冕端委。盛德日新，禮容有煒。

公卿入門，正安　萬邦來同，九賓在位。奉璋薦紳，陟降庭止。文思安安，威儀棣棣。臣哉隣哉，介爾蕃祉。

上壽，和安　天威煌煌，山龍采章。庭實旅百，上公奉觴。拱揖羣后，端委垂裳。永錫難老，萬壽無疆。

皇帝初舉酒，祥麟　帝圖會昌，一獸效祥。雙角共觝，示武不傷。四靈爲畜，玄枵耀芒。公族信厚，元元阜康。

再舉酒，丹鳳　矯矯長離，振羽來儀。和音中律，藻翰揚輝。珍符沓至，品物攸宜。至德玄感，受天之祺。

三舉酒，河清　德水湯湯，發源靈長。皎鑒澄徹，千年效祥。積厚流濕，資生阜昌。朝宗潤下，善利無疆。

羣臣舉酒，正安　思皇多士，靖恭著位。鳴玉飛緌，鏘鏘濟濟。宴有折俎，以示慈惠。罔敢不祗，福祿來曁。金奏在庭，有酒斯旨。顒顒卬卬，嚮明負扆。湛湛露斯，式宴以喜。佩玉蘂兮，罔不由禮。酒以成禮，樂以侑食。露湛朝陽，星環紫極。淑愼爾容，既飽以德。進退周旋，威儀抑抑。

初舉酒畢，盛德升聞　八佾具呈，萬舞有奕。既以象功，又以觀德。進旅退旅，執籥秉翟。至化懷柔，遠人來格。閶闔天開，羣后在位。設業設虡，庭燎晣晣。斧扆當陽，虎賁夾陛。舞之蹈之，四隩來曁。

再舉酒畢，天下大定　武功既成，綴兆有翼。以節八音，以象七德。俁俁蹲蹲，朱干玉戚。發揚蹈厲，其儀不忒。偃伯靈臺，功成作樂。以昭德容，以清戎索。萬邦會同，邪慝銷鑠。盡善盡美，侔彼韶箾。

降坐，隆安　被袞當陽，穆穆皇皇。擊石拊石，頌聲揚揚。和樂優洽，終然允臧。禮成而退，荷天百祥。

大中祥符朝會五首

皇帝舉酒，醴泉　觱沸檻泉，寒流淸泚。地不愛寶，其旨如醴。上善至柔，靈休所啓。利澤無疆，允資岱禮。

再舉酒，神芝　彼茁者芝，茂英煌煌。敷秀喬嶽，寔繁其房。適符修貢，封巒允臧。永言登薦，抑惟舊章。

三舉酒，慶雲　惟帝佑德，卿雲發祥。紛紛郁郁，五色成章。奉日逾麗，回風載翔。歌薦郊廟，播厥無疆。

四舉酒，靈鶴　玄文申錫，嘉祥紹至。偉兹胎禽，羽族之異。翩翰來儀，徘徊嘹唳。祚聖儲休，聿昭天意。

五舉酒，瑞木　天生五材，木曰曲直。維帝順天，厚其生植。連理效祥，成文表德。總萃坤珍，永光祕刻。

熙寧中朝會三首

皇帝初舉酒，慶雲　乾坤順夷，皇有嘉德。爰施慶雲，承日五色。輪囷下乘，萬物皆飾。惟天祚休，長彼無極。

再舉酒，嘉禾　彼美嘉禾，一莖九穗。農疇告祥，史牒書瑞。擊壤歡歌，如京委積。留獻春種，昭錫善類。

三舉酒，靈芝　皇仁溥博，品物蕃滋。慶祥回復，秀發神芝。靈華雙舉，連葉四施。披圖按牒，永享純禧。

元符大朝會三首

皇帝初舉酒，靈芝　嘉瑞降臨，應我皇德。煒煒神芝，不根而植。春秋三秀，晝夜一色。物播詩歌，聲被金石。

再舉酒，壽星　倬彼星象，於昭于天。維南有極，離丙之躔。既明且大，應聖乘乾。誕受景福，億萬斯年。

三舉酒，甘露　泫泫零露，雲英醴溢。和氣凝津，流甘委白。飴泛泮林，珠聯竹柏。天不愛道，聖功允格。

哲宗傳受國寶三首，與大朝會兼用：

永昌　於穆我王，繼序不忘。明昭上帝，上帝是皇。長發其祥，惠我無疆。受命于天，既壽永昌。

神光　惟皇上德，伊嘏我王。將受厥明，載錫之光。於昭于天，曄曄煌煌。緝熙欽止，其永無疆。

翔鶴　彼鳴在陰，亦白其羽。聲聞于天，來集斯所。勉勉我王，咸遂厥宇。播于異物，受天多祜。

紹興朝會十三首

皇帝升坐，乾安　鈎陳肅列，金奏充庭。顒卬南面，如日之昇。垂衣拱手，治無能名。順履獻歲，大安大榮。

公卿入門，正安升降同。　天子當陽，臣工率職。流水朝宗，衆星拱極。環佩鏘鏘，威儀抑抑。上下交欣，同心同德。

上公上壽，和安　八音克諧，萬舞有奕。上公奉觴，率茲百辟。磬效呼嵩，祝聖人壽。億載萬年，天長地久。

皇帝初舉酒，瑞木成文　厚地效珍，嘉木紀瑞。匪刻匪雕，具文見意。三登太平，允協聖治。詩雅詠歌，有光既醉。

再舉酒，滄海澄清　百谷王，符聖治。不揚波，效殊祉。德淪淵，滄海清。應千秋，敍五行。

三舉酒，瑞粟呈祥　至治發聞惟馨香，播厥百穀臻穰穰。農夫之慶歲其有，禾易長畝盈倉箱。時和物阜粟滋茂，嘉生駢穗來呈祥。自今以始大豐美，行旅不用齎餱糧。

羣臣酒行，正安　羣公卿士，咸造在庭。式燕以衎，思均露零。穆穆明明，於斯爲盛。歸美報上，一人有慶。　明明天子，萬福來同。　嘉賓式燕，曷不肅雍。　燕以示慈，式禮莫愆。　樂胥君子，容止可觀。

酒一行，文舞　帝德誕敷，銷爍羣慝。　近悅遠來，惟聖時克。　玉振金聲，治功興起。　韶箾象之，盡善盡美。　文物以紀，藻色以明。　禮備樂舉，遹觀厥成。　睿知有臨，誕敷文德。　敎雨化風，洽此四國。

酒載行，武舞　用戒不虞，誰能去兵。　師出以律，動必有名。　折彼遐衝，布昭聖武。　和衆安民，時惟多助。　止戈曰武，惟聖爲能。　御得其道，無敢不庭。　整我六師，稽諸七德。　不吳不揚，有嚴有翼。

皇帝降坐，乾安　帝坐熒煌，廷紳肅穆。　對揚天休，各恭爾服。　頌聲洋洋，彌文郁郁。　禮備樂成，永膺多福。

建隆御樓三首

南郊回仗，駕至樓前，采茨　高煙升太一，明祀達乾坤。　天仗回嶢闕，皇輿入應門。　簪裳如霧集，車騎若雲屯。　兆庶皆翹首，巍巍萬乘尊。

升坐，隆安　禋祀畢圓丘，嘉辰慶澤流。　天儀臨觀魏，盛禮藹風猷。　洋溢歡聲動，氛氳瑞氣浮。上穹垂眷佑，邦國擁鴻休。

降坐，隆安　華纓就列，左衽來王。帝儀炳煥，大樂鏗鏘。禮成嶢闕，言旋未央。一人有慶，萬壽無疆。

咸平御樓四首

采茨　禮成于郊，迎日之至。時乘六龍，天旋象魏。端門九重，虎賁萬騎。四夷來王，羣后輯瑞。

索扇，隆安　應門有翼，羽衞斯陳。山龍袞冕，律度聲身。峨峨奉璋，肅肅九賓。清明在躬，志氣如神。

升坐，隆安　圜丘類上帝，六變降天神。禋燔禮云畢，仗衞肅以陳。天顏瞻咫尺，王澤煦陽春。玉帛臻禹會，動植霑堯仁。

降坐，隆安　肆眚云畢，淳熙溥將。雷雨麗澤，雲物效祥。禮容濟濟，天威皇皇。大賚四海，富壽無疆。

咸平籍田回仗御樓二首

采茨　農皇既祀，禮畢躬耕。商輅旋軫，周頌騰聲。觀魏將陟，服御爰更。輿人瞻仰，如日之明。

升坐，隆安　應門斯御，雉扇爰開。人瞻日月，澤動雲雷。同風三代，均禧九垓。歡心允洽，時詠康哉。

乾興御樓二首

升坐，隆安　夾鐘紀月，初吉在辰。眚災流慶，布德推仁〔一〕。采章震耀，典禮具陳。茂昭丕眖，永庇斯民。

降坐，隆安　皇衢赫敞，黼坐穹崇。華纓在列，嚴令發中。王制鉅麗，寶瑞豐融。均禧緜寓，萬壽無窮。

紹興登門肆赦二首

升坐，乾安　拜況于郊，皇哉唐哉！熙事休成，六騑鼎來。天閫以決，地垠以開。隤祉發祥，如登春臺。

降坐，乾安　鴻霈普洽，言歸端門。蕩蕩巍巍，旋乾轉坤。穆然宣室，儲思垂恩。於萬斯年，敷錫羣元。

寧宗登門肆赦二首

升坐，乾安　帝饗于郊，荷天之休。五福敷錫，皇明燭幽。雲行雨施，仁翔德游。聖人多男，歌頌九州。

降坐，乾安　天日清晏，朝野靖安。三靈答祉，萬國騰懽。帝命不違，王業艱難。天子萬年，永迪監觀。

皇帝上尊號一首

册寶入門，正安　於穆元后，天臨紫宸。飛綏星拱，建羽林芬。徽册是奉，鴻名愈新。荷茲介祉，永永無垠。

明道元年章獻明肅皇太后朝會十五首

皇太后升坐，聖安　聖母有子，重光類禋。聖皇事母，感極天人。百辟在庭，九儀具陳。禮容之盛，萬國咸賓。

公卿入門，禮安　帝率四海，承顔盡恭。端闈肅設，羣后來同。玉佩鏘鳴，衣冠有容。英、韶節步，磬管雍雍。

皇帝上壽酒，崇安　天子之德，形于四方。尊親立愛，化洽風揚。聖母褘衣，明君黼裳。因時獻壽，克盛朝章。

上壽，福安　盛禮煌煌，六衣有光。千官在位，百福稱觴。坤德慈仁〔三〕，邦斯淑祥。如山之壽，佑聖無疆。

皇太后初舉酒，玉芝　燁燁靈芝，生于殿闈。照映華拱，紛敷玉墀。感召元和，光符聖期。祥篇協吉，百福咸宜。

再舉酒，壽星　現彼南極，昭然瑞文。騰光丙位，薦壽中宸。太史駢奏，升歌有聞。軒宮就養，億萬斯春。

三舉酒，奇木連理　王化無外，坤珍效靈。旁枝內附，直幹來幷。羣分非一，祺祥紹登。至誠攸感，海縣斯寧。

羣臣酒行，禮安　肅肅臨下，有威有容。循循事上，惟信惟忠。盛禮興樂，示慈訓恭。君臣協吉，惟道之從。湛湛零露，晞于載陽。我有旨酒，羣臣樂康。既飲以德，亦圖爾良。永言修輔，用協天常。禮均孝慈，樂合韶、武。至德光矣，鴻恩亦溥。上下和濟，韡夷樂胥。醆斝三行，盛儀斯舉。

酒一行畢，作厚德無疆之舞　堯母之聖，放勛爲子。同心協謀，柔遠能邇。以德康俗，以文興治。斯焉象功，罔不昭濟。至矣坤元，道符惟聖！就養宸極，助隆善政。翟籥紛舉，笙鏞協應。翺翔有容，表德之盛。

酒再行，四海會同之舞　七德之舞，四朝用康。有如姬、姒，助集周邦。威克厥愛，居安不忘。風旋山立，濟濟皇皇。左秉朱干，右揮玉戚。以象武綴，以明皇德。天子榮養，羣臣述職。四夷賓附，罔不承式。

降坐，聖安　長樂居尊，盛容有煒。文王事親，萬國歸美。朝會之則，邦家之紀。受福于天，克昭隆禮。

治平皇太后、皇后册寶三首

皇帝升坐，乾安　王化之始，治繇內乎。時庸作命，玉簡金書。磬筦在庭，其縱繹如。天臨法扆，禮與誠俱。

太尉等奉册寶入門，正安　晬儀臨拱，丕命明敭。鸞回寶勢，鴻貫瑤光。禮成樂備，德裕名芳。肇基王化，永懋天祥。

皇帝降坐，乾安　衮衣繡裳，嚴威肅莊。八音具張，簨虡龍驤。玉簡瑤章，金書煌煌。壽千萬年，與天比長。

熙寧皇太后册寶三首

出入，正安　煌煌鳳字，玉氣宛延。天門崛屼，飛驂後先。龍簨四合，奏鼓淵淵。母儀天下，何千萬年。

升坐，乾安　峨峨黼扆，旋佩以登。如彼杲日，凌天而升。玉色下照，亹亹繩繩。猗歟大孝，四海其承！

降坐，乾安　皇帝降席，流雲四開。堯趨舜步，下躡天堦。恭授寶册，翠旄裴回。明明純孝，鴻鼇大來。

哲宗上太皇太后册寶五首

皇帝升坐，乾安　大矣孝熙，帥民以躬！奉承寶册，欽明兩宮。萬樂具舉，一人肅雍。化繇上始，四海來同。

降坐，乾安　皇帝仁孝，總臨萬方。褒顯其親，日嚴以莊。龍衮翼翼，玉書煌煌。傳之億世，休有烈光。

太皇太后升坐，乾安　總裁庶政，擁佑嗣皇。金書玉簡，爛其文章。衆歌謍作，筦磬將將。保安四極，降福無疆。

降坐，乾安　塗山之德，渭涘之祥。圖徽寶册，玉色金相。管弦煒煜，鐘鼓喤喤。天之所啓，既壽而昌。

太尉等奉册寶出入門，正安　玉車臨御，鳳蓋棽麗。奉承寶册，彌文盛儀。抗聲極律，助我孝熙。天之所佑，萬壽無期。

紹興十年〔三〕發皇太后册寶八首

皇帝隨册寶降殿，聖安　景祚有開，符天媿昊〔四〕。誕毓聖神，是崇位號。星拱天隨，祗嚴册寶。還御慈寧，增光舜道。

中書令奉册詣皇帝褥位，禮安　聲樂備陳，禮容罔忒。相維辟公，虔奉玉册。皇則受之，慕形於色。旣壽且康，與天無極。

侍中奉寶詣皇帝褥位，禮安　祖啓瑤光，誕生明聖。尊極母儀，帝庸作命〔五〕。寶章煌煌，導以笙磬。還燕慈寧，邦家徯慶。

太傅奉册寶出門，聖安　肅肅東朝，帝隆孝治。猗歟丕稱，寶册斯備！皇扉四闢，導迎慶瑞。德邁太任，有周卜世。

太傅奉册寶入門，聖安　靜順坤儀，聖神是育。懿鑠昭陳，鏤文華玉。樂奏旣備，禮儀不瀆。導迎善祥，翟車歸蹕。

太傅奉册授提點官，禮安　孝奉天儀，信維休德。發越徽音，禮文靡忒。永保嘉祥，時萬時億。歸于東朝，含飴燕息。

太傅奉册授提點官，禮安　肅雍長樂，克篤其慶。河洲茂德，沙麓啓聖。是生睿哲，丕隆丕運。欽稱鴻寶，永膺天命。

册寶升慈寧殿幄，聖安　禮行東朝，樂奏大呂。羽衞森陳，簪紳式序。雲幄邃嚴，宏典是舉。天子萬年，母儀寰宇。

乾道七年恭上太上皇帝、太上皇后尊號十一首

冊寶降殿，正安　元祀介福，孰綏孰將。歸于尊親，孝哉君王！載鏤斯牒，載琢斯章。得名得壽，如虞如唐。

中書令、侍中奉冊寶詣殿下，正安　宗郊斯成，交舉典冊。汝輔汝弼，威儀是力。陳于廣庭，迨此上日。巍巍煌煌，烏覩在昔。

皇帝奉太上皇帝冊寶授太傅，用禮安奉太上皇后同。　儀物陳矣，禮樂明矣。天子戾止，詒爾臣矣。陟降維則，恭且勤矣。茫茫四海，德教形矣。

冊寶出門，正安　天門九重，蕩蕩開徹。金支秀華，垂紳佩玦。或導或陪，率履不越。注民耳目，四表胥悅。

冊寶入德壽宮門，正安　禮神頌祇，福祿來下。不有榮名，孰緝伊嘏。千乘萬騎，魚魚雅雅。皇扉洞開，鞠躬如也。

太上皇帝升御坐降同。　穆穆聖顏，安安天步。有縟者儀，以莫不舉。天人和同，恩澤洋普。億載萬年，爲衆父父。

太傅奉太上皇帝冊寶升殿，用聖安　大哉堯乎，南嚮垂裳！君哉舜也，拜而奉觴！纚藉光華，鼓鐘鏗鏘。三事稽首，宋德無疆。

太傅奉太上皇后册寶升殿，用聖安〔六〕 乾元資始，坤元資生。允也聖德，同實異名。春王三朝，典册並行。咨爾上公，相儀以登。

皇帝從太上皇后册寶詣宮中，用正安 維册伊何？鏤玉垂鴻。維寶伊何？範金鈕龍。翊以暬御，間以笙鏞。誰敢不恭，天子寔從！

太上皇后出閤升御坐，坤安降同。 帝膺永福，功靡專有。既尊聖父，亦燕壽母。怡怡在宮，大典時受。彤管紀之，天長地久。

內侍官舉太上皇后册詣讀册位，用聖安 斂福于郊，逢時之泰。揭名日月，侔德覆載。自我作古，域中有大。永言保之，眉壽無害。

淳熙二年發太上皇帝、太上皇后册寶十一首

册寶降殿，正安 高明者乾，博厚者坤。以清以寧，資始資生。壽胡可度，德胡可評！願言從欲，誕受強名。

中書令、侍中奉册寶詣殿下，正安 受命既長，福祿既康。如日之升，如月之常。追琢其章，金玉其相。君子萬年，保其家邦。

皇帝奉太上皇帝册寶授太傅，禮安奉太上皇后同。 翠華之旗，靈鼉之鼓。陳于廣宇，相我盛舉。來汝公傅，肅乃儀矩。毋忝于素，以篤多祜。

册寶出門，正安　蚴蟉青龍，婉嬗象輿。其載伊何？煌煌金書。乃由端門，乃行康衢。于以榮親，振古所無。

册寶入德壽宮門，正安　惟天爲大，其德曰誠。惟堯則之，其性曰仁。迺文迺武，得壽得名。於萬斯年，以莫不增。

太上皇帝升御坐，乾安降同。　天行惟健，天步惟安。聖子中立，臣工四環。民無能名，威不違顏。宋德宜頌，漢儀可删。

太傅奉太上皇帝册升殿，聖安奉寶同。　天畀遐福，允彰父慈。維昔曠典，我能舉之。徐爾陟降，敬爾威儀。申錫無疆，永言保之。

太傅奉太上皇后册寶升殿，聖安　乾健坤從，陽剛陰相。迨茲受祉，允也並況。虞業在下，儀物在上。咨時三公，執事無曠。

皇帝從太上皇后册寶詣宮中，用正安　丕顯文王，之德之純。亦有太姒，式揚徽音。維册維寶，迺玉迺金。伊誰從之？一人事親。

太上皇后出閤升御坐，坤安降同。　重翟出房，褘衣被躬。委委佗佗，河潤山容。聖皇臨軒，聖母在宮。並受鴻名，與天無窮。

內侍官舉太上皇后册詣讀册位，用聖安舉寶同。　珉玉玢豳，褭蹄精良。既刻厥文，亦鑄之章。象德維何？至靜而方。輔我光堯，萬壽無疆。

淳熙十二年加上太上皇帝、太上皇后尊號十一首

大慶殿發册寶降殿，正安　維天蓋高，維地克承。父尊母親，天地難名。疆名廣大，建號安榮。衍登壽嘏，闡繹皇明。

中書令、侍中奉太上皇帝册寶、太上皇后册寶詣殿下，用正安　二儀同尊，兩耀齊光。巍巍煌煌，不顯亦彰。實茂號榮，玉振金相。於萬斯年，旣壽且昌。

皇帝奉太上皇帝册寶授太傅太上皇后册寶同。　我尊我親，承天之祉。壽名兼美，家國咸喜。公傅秉禮，寶册有煒。惟千萬祀，令聞不已。

册寶出門，正安　羽衞有嚴，寶書有輝。昭衍尊名，鋪張上儀。出其端闈，由于康逵。比屋延瞻，歌之舞之。

德壽宮册寶入殿門，正安　南山之峯，皇壽無窮。太極之尊，皇名是崇。奉兹寶册，于皇之宮。皇則受之，於昭盛容。

太上皇帝出宮升御坐，乾安降坐同。　聖明太上，天子有尊。玉坐高拱，慈顏睟温。震禁嘉承，朝弁昕分。盛禮縟典，邃古未聞。

太傅、中書令、侍中奉太上皇帝册寶升殿，用聖安　天錫伊嘏，地效其珍。誕作寶典，奉

于尊親。爾公爾相，爾恭爾寅。協舉令儀，遹臻厥成。

太傅、中書令、侍中奉太上皇后册寶升殿，用聖安　坤載有元，乾行是順。施生萬彙，厥德彌盛。翼翼母道，贊我皇訓。相維羣公〔七〕，奉典斯敬。

皇帝從太上皇后册寶詣宮中，用正安　大矣母慈，德備且純！思古齊敬，佐我皇文。明章茂典，金玉其音。帝親奉之，以翼以欽。

太上皇后出閤升御坐，用坤安降坐同。　天相慈皇，慶臻壼闈。徽柔內修，壽與天齊。既承皇歡，載覩母儀。懿典鴻名，永綏多祺。

內侍舉太上皇后册寶詣讀册寶位，用聖安　有美英瑤，於昭祥金。爲策爲章，並著徽音。德聖而尊，備舉彌文。億載萬年，永輔堯勛。

校勘記

〔一〕布德推仁　「布」原作「有」，據宋會要樂七之六改。

〔二〕坤德慈仁　「坤」原作「乾」，據宋會要樂七之七改。

〔三〕紹興十年　「十」下原衍「一」字，據本書卷二九高宗紀、卷一一〇禮志和宋會要樂七之三二刪。

〔四〕符天媲昊　「天」，宋會要樂七之九作「坤」。

〔五〕帝庸作命　「庸」原作「康」，據宋會要樂七之九改。

〔六〕太傅奉太上皇后冊寶升殿用聖安　「奉」下原脫「太」字，據宋會要樂七之一一補。

〔七〕相維羣公　「羣」，宋會要樂七之一三作「辟」。

宋史卷一百三十九

志第九十二

樂十四 樂章八

恭上皇帝皇太后尊號下 册立皇后 册皇太子 皇子冠

鄉飲酒 聞喜宴 鹿鳴宴

紹熙元年恭上壽聖皇太后、至尊壽皇聖帝〔一〕、壽成皇后尊號册寶十四首

大慶殿發册寶降殿，正安 帝受內禪，紀元紹熙。欽崇慈親，孝心肅祗。迺建顯號，迺蒇丕儀。發册廣庭，聲歌侑之。

中書令、侍中奉三宮册寶詣東階下，用禮安 鐘鼓交作，文物咸備。彤庭玉階，天子是莅。咨爾輔臣，展采錯事。輔臣稽首，敢不率禮！

册寶出門，正安　巍巍天宮，洞開閶闔。旗常葳蕤，劍佩雜沓。寶册啓行，法駕繼發。鑠哉盛典，快覩胥悅！

册寶入重華宮，正安　仰止皇居，九門載闢。麗日重光，非煙五色。雷動萬乘，雲從百辟。咫尺重霄，鞠躬屏息。

至尊壽皇聖帝升坐，乾安降同。　玉璽瑤編，禮容畢具。穆穆至尊，華殿是御。德配有虞，紹唐授禹。於萬斯年，受天之祜。

太傅、中書令奉至尊壽皇聖帝册升殿，用聖安　慈皇天臨，晬表怡怡。欽哉聖子，親奉玉巵！鼇抃嵩呼，歡浹華夷。邇臣捧册，是恪是祗。

太傅、侍中奉至尊壽皇聖帝寶升殿，用聖安　瑟彼華玉，篆魚鈕龍。與册並登，咨爾上公。詠以歌詩，協之鼓鏞。是陟是降，靡有弗恭。

太傅、中書令、侍中奉壽聖皇太后册寶升殿，用聖安　天祐皇家，慶集重闈。寶兮揚名，册兮流徽。金支秀華，盛容祲威。詔我近弼，相禮不違。

太傅、中書令、侍中奉壽成皇后册寶升殿，用聖安　大哉乾元，既極形容！坤元德至，實與比隆。寶册並登，勒崇垂鴻。相我縟儀，肅肅雍雍。

皇帝從壽聖皇太后册寶詣慈福宮，用正安　涓辰協吉，時維春元。上册三殿，曠古無前。

思齊重闈，積慶有源。是尊是崇，帝心載虔。

壽聖皇太后出閤升坐，坤安降同。丕赫有宋，三聖授受。誰其助之？繄我太母。東朝受册，歆此春酒。聖子神孫，密侍左右。

内侍官舉壽聖皇太后册寶詣讀册寶位，用聖安　坤德益崇，天壽平格。慶流萬世，子孫千億。刻玉範金，鋪張赫奕。惟昔姜、任，則莫我匹。

皇帝詣壽成殿，壽成皇后出閤升坐，坤安降同。鞠育保護，母道備矣。密贊親傳，德其至矣。綵服來朝，慈容有喜。既受鴻名，又多受祉。

内侍官舉壽成皇后册寶詣讀册寶位，用聖安　仰瞻慈闈，登進寶册。惟時酌御，祗率厥職。曰壽曰名，母兮兼得。儷我尊父，億載無極。

紹熙四年加上壽聖皇太后尊號八首

大慶殿發册寶降殿，正安　德厚重闈，沖澹粹穆。何以名之？惟慈惟福。寶鏤精鏐，册鐫華玉。物盛禮崇，丕昭羣目。

中書令、侍中奉壽聖皇太后册寶詣東階下，禮安　於皇帝室，休運貽孫。重熙疊慶，祗進號榮。爰授玆册，必躬必親。天子聖孝，萬邦儀刑。

册寶出門，正安　煌煌册寶，天子受之。言徐其行，肅展迺儀。其儀維何？劍佩黃麾。鸞駕清蹕，聳瞻九逵。

册寶入慈福宮殿門，正安　熙辰禮備，濟濟雍雍。言奉斯册，重親之宮。宮帷既儆，協氣感通。皇儀親展，壽祉無窮。

太傅、中書令、侍中奉壽聖皇太后册寶升殿，聖安　既肅琨庭，載升金戺。迺導迺陪，威儀濟濟。天步繼臨，孝誠備矣。聲容孔昭，中外悅喜。

册寶詣宮中，正安　琱輿彩仗，祇詣慈宮。寶册前奉，龍挾雲從。言備茲禮，于宮之中。惟天子孝，於昭祲容。

壽聖皇太后出閤升御坐，坤安降同。　懿典大册，陳儀邃深。怡怡愉愉，寶坐是臨。重綵儼侍，粲展肅心。三宮協慶，永播徽音。

內侍官舉壽聖皇太后册寶詣讀册寶位，用聖安　寶册既奉，祇誦迺言。仁深慶衍，益顯益尊。和聲協氣，充溢乾坤。並受伊嘏，聖子神孫。

慶元二年恭上太皇太后、皇太后、太上皇帝、太上皇后尊號二十四首

册寶降殿　天擁帝家，澤流子孫。三宮燕胥，四海崇尊。聲諧韶、濩，輝燭瑤琨。維皇緝熙，耀德乾坤。

册寶授太傅奉詣東階下　祖后重壽，親闈並崇。駢慶聯休，申景鋪鴻。疊璧交輝，多儀

煥叢。億萬斯年，福祿攸同。

册寶出門　太任媚姜，塗山翼禹。慈祥曼衍，鴻儀迭舉。寶章奕奕，寢宮俁俁。帝用將之，于彼宮所。

慈福宮寶册入門　東朝層邃，端闈靖深。列仗節鑾，鏤玉繩金。來奉來崇，載祗載欽。曾孫之慶，世世徽音。

册寶升殿　純佑我宋，母儀四朝。擁翼孫謀，如虞承堯。仁覃函夏，喜浮慶霄。福祿萬年，金玉孔昭。

册寶詣宮中　神人和懌，天日淑清。王母來燕，必壽而名。琨庭璈音，五雲佩聲。勉勉我皇，遹昭厥成。

太皇太后出閤升坐　曾孫致養，五福駢臻。太極所運，兩儀三辰。輝光日新，啓佑後人。永翼瑤圖，億萬堯春。

册寶詣讀册寶位　徽光宣華，仁聲流文。曠儀合沓，泰和絪縕。慈顏有喜，祚我聖君。珠宮含飴，坐閱來雲。

太皇太后降坐歸閤　縟儀既登，寶册既膺。喜洽祥流，雲烝川增。天子萬年，鳴玉慈庭。惠我無疆，詵詵繩繩。

壽慈宮冊寶入門　新庭靖安，祖后燕怡。有開聖謨，累崇天基。典章文明，聲容葳蕤。御于邦家，日壽日慈。

冊寶升殿　三禮崇容，八鑾警衞。有來辰儀，闡徽嬀汭。璇宮肅雍，藻景澄霽。文子文孫，本支百世。

冊寶詣宮門　堯門疊瑞，姒幄齊輝。重坤靖夷，麗册華徽。天子仁聖，禮文弗違。福壽康寧，同燕層闈。

皇太后出閤升坐　文母曼壽，載錫之光。總集瑞命，宜君宜王。惠以仁顯，慈以德彰。保佑子孫，受福無疆。

冊寶詣讀冊寶位　華鸞編玉，文螭液金。頌德摛英，揚徽嗣音。紫幄天開，翠華日臨。歲歲年年，如周太任。

皇太后降坐歸閤　宋有明德，天保佑之。以壽繼壽，以慈廣慈。聲文宣昭，福祉茂綏。神孫之休，燕及華夷。

壽康宮冊寶入門，正安　大安耽耽，興慶崇崇。維皇之尊，與天比隆。非心閑燕，文命延鴻。欲報之恩，禮縟儀豐。

太上皇帝升御坐，乾安　上帝有赫，百靈效祥。儲祉垂恩，錫年降康。皇儀睟温，帝躬肅莊。三宮齊懽，地久天長。

太上皇帝冊寶升殿，聖安　夏典稽瑞，禹玉含淳。追琢有章，温潤孔純。聖底于安，壽綿於仁。太上立德，自天其申。

太上皇后冊寶升殿，聖安　父尊母親，天涵地育。燕我翼子，景命有僕。得名得壽，如金如玉。子孫千億，成其厚福。

太上皇帝降御坐，乾安　天地淸寧，日月華光。歸尊慈極，嵩呼未央。慶函百嘉，壽躋八荒。上皇萬歲，俾熾俾昌。

冊寶詣宮中，正安　晨趨慈幄，佳氣鬱蔥。受帝之祉，配天其崇。璧華金精，禮敷樂充。天子是若，懽聲融融。

太上皇后出閤升坐，坤安　文物流彩，鑾輅靖陳。龜瑞薦祉，坤儀效珍。比皇之壽，翼帝以仁。和氣致祥，與物爲春。

讀冊寶，聖安　黼黻其文，金玉其相。永壽於萬，合德無疆。福緒祥源，厥後克昌。天維格斯，祚我聖皇。

太上皇后降坐歸閤，坤安　榮懷之慶，莫盛於斯。三宮四冊，五葉一時。德阜而豐，福大而滋。子子孫孫，于時保之。

嘉泰二年恭上太皇太后尊號八首

冊寶降殿　思齊太任，嬪于周京。至哉坤元，萬物資生！不可儀測，矧可強名。鏤玉縕金，昭哉號榮！

冊寶詣東階　鼓鐘喤喤，儀物載陳。儀物陳矣，爛其瑤琨。咨爾上公，相予文孫。勿亟勿徐，奉我重親。

冊寶出門　蕩蕩天門，金鋪玉戶。采旄翠旌，流蘇葆羽。千官影從，迺導迺輔。都人縱觀，填道呼舞。

壽慈宮冊寶入門　煌煌寶書，玉篆金縷。曷爲來哉？自天子所。自天子所，以燕文母。婉嫕祥雲，日正當午。

冊寶升殿　文物備矣，三事其承。崇牙高張，樂充宮庭。耽耽廣殿，左城右平。敬爾威儀，攝齊以登。

冊寶詣宮中　維壽伊何？聖德日新。維慈伊何？祐于後人。迺范斯金，迺鏤斯珉。皇舉玉趾，從于堯門。

太皇太后升御坐降同。　侍中版奏，辨外嚴中。出自玉房，褘褕被躬。我龍受之，祲威盛容。皇帝聖孝，其樂融融。

册寶詣讀册寶位　麟趾褭蹄，我寶斯刻。碶碱釆緻，載備斯册。眉壽萬年，詒謀燕翼。於赫湯孫，克綿永福。

紹定三年壽明仁福慈睿皇太后册寶九首

文德殿册寶降殿　思齊聖母，媲于周任。體乾履坤，博厚洪深。七袠既啓，萬壽自今。昕庭發號，式昭德音。

册寶詣東階　煌煌儀物，繹繹鼓鐘。奉茲寶册，至于階東。上公相儀，列辟盡恭。拜手慈宸，福如華、嵩。

册寶出門　帝闕肅開，天階坦履。霓旌羽蓋，導儀護衞。匪誇雕瑑，匪矜繁麗。茲謂盛儀，億載千歲。

慈明殿册寶入門　金堅玉純，文郁禮縟。來從帝所，作瑞王國。天開地闢，日熙春燠。茲謂盛事，永燕茀祿。

册寶升殿　皇儀有煒，綵昇次升。沈沈邃殿，穆穆天廷。坤德穹隆，皇圖永寧。洛爾廷臣，攝齊以登。

册寶詣宮中　壽爲福先，明燭物表。仁沾動植，福齊穹昊。曰慈與睿，並崇丕號。演而申之，萬世永保。

皇太后升御坐　邇臣跪奏，嚴辦必恭。乃御褘褕，升于殿中。慈顏雍穆，和氣沖融。芳流清史，傳之無窮。

册寶詣讀册寶位　徽音孔昭，寶傳斯刻。金昭玉粹，有煒斯册。載祈載祝，以燕以翼。寶之萬年，與宋無極。

皇太后降御坐　皇文既舉，慶禮告虔。肇自宮闈，格于幅員。子稱母壽，母謂子賢。陟降在茲，隆名際天。

哲宗發皇后册寶三首

皇帝升坐，乾安　既登乃依，如日之升。有嚴有翼，丕顯丕承。天作之合，家邦其興。朱芾斯皇，子孫繩繩。

降坐，乾安　我禮嘉成，我駕言旋。降坐而蹕，奏鼓淵淵。景命有僕，保佑自天。永錫祚胤，何千萬年。

太尉等奉册寶出入，正安　宣哲維公，就位肅莊。册寶具舉，丕顯其光。出于宸闈，鼓鐘喤喤。母儀天下，萬壽無疆。

紹興十三年發皇后册寶十三首

皇帝升坐，乾安　天地奠位，乾坤以分。夫婦有別，父子相親。聖王之治，禮重婚姻。端冕從事，是正大倫。

使副入門，正安　天子當陽，羣工就列。册寶既陳，鐘鼓備設。上公奉事，容莊心協。克相盛禮，光昭玉牒。

册寶出門，正安　穆穆睟容，如天之臨。赫赫明命，如玉之音。虔恭出門，禮容兢兢。塗山生啓，夏道以興。

皇帝降坐，乾安　朝陽已升，薰風習至。樂奏既成，禮容亦備。玉佩鏘鳴，帝徐舉趾。壼政穆宣，以聽內治。

皇后出閤，乾安〔二〕　猗歟賢后，德本性成！承天致順，遡日爲明。作配儷極，王化以行。萬有千歲，奉祀宗祊。

册寶入門，宜安　款承祗事，時惟肅雍。跪奉册寶，陳于法宮。以俯以仰，有儀有容。明神介之，福祿來崇。

皇后降殿，承安　温惠之德，禕翟之衣。行中采薺，禮無或違。降于丹陛，有容有儀。委委蛇蛇，誰其似之！

皇后受册寶，成安　鏤蒼玉兮，盛德載揚。鑄南金兮，作鎮椒房。虔受賜兮，有煒有光。

宜室家兮，朱芾斯皇。

皇后升坐，和安　禮既行兮，厥位孔安。母儀正兮，容止可觀。奉東朝兮，常得其歡。求淑女兮，豈樂多般。

內命婦入門，惠安　素月澄輝，衆星顯列。炳爲天文，各有攸別。椒房旣正，陰教斯設。關雎、麟趾，應如響捷。

外命婦入門，成安　窈窕其容，淑嫕其姿。爛其如雲，瞻我母儀。曰天之妹，作合惟宜。粲然舞抃，疇不肅祗。

皇后降坐，徽安　寶字煌煌，册書粲粲。副笄加飾，褘褕有爛。祗若帝休，委蛇樂衎。億萬斯年，永膺宸翰。

皇帝歸閤，泰安　太任徽音，太姒是嗣。則百斯男，周室以熾。天子萬年，受茲女士。如姒事任，從以孫子。

淳熙三年發皇后册寶十三首

皇帝升坐，乾安　赫赫惟皇，如日之光。肅肅惟后，如月之常。禮行一時，明照無疆。天子莅止，疇敢不莊！

册寶入門，正安　卜月惟良，練辰斯臧。臣工在庭，劍佩瑲瑲。來汝疑、丞，明命是將。有淑其儀，無或怠遑。

冊寶出門，正安　刻簡以珉，鑄寶以金。持節伊誰？時惟四鄰。自我文德，達之穆淸。委蛇委蛇，往迄于成。

皇帝降坐，乾安　冊行何爲？于門東偏。禮備樂成，合扇鳴鞭。皇舉玉趾，如天之旋。燕及家邦，億萬斯年。

皇后出閤，坤安　椒塗蘭馭，河潤山容。副笄在首，褘衣被躬。靜女其姝，實翼實從。自彼西閤，聿來殿中。

冊寶入門，宜安　德隆位尊，禮厚文縟。乃篆斯金，乃鏤斯玉。羣公盈門，執事有肅。願言保之，永鎮坤軸。

皇后降殿，承安　規殿沉沉，叶氣旼旼。明章婦順，表正人倫。蹕是左城，蹔于中庭。尙宮顯相，罔有弗欽。

皇后受冊寶，成安　備物典冊，樂之鼓鐘。拜而受之，極其肅雍。司言司寶，各以職從。行地有慶，與天無窮。

皇后升坐，和安　容典旣膺，壼儀旣正。羽衞外列，揚顏中映。如帝如天，以莊以靚。六宮承式，二南流詠。

內命婦入門，惠安　葛覃節用，樛木逮下。彤爲嬪則，夙已心化。茲臨長秋，遂正諸夏。以慶以祈，百祥來迓。

外命婦入門，咸安　碩人其頎，公侯之妻。翟茀以朝，象服是宜。如星之共，遡月之輝。母儀旣瞻，羣心則夷。

皇后降坐，徽安　窈窕淑女，備六服兮。陟降多儀，聳羣目兮。內治允備，陰教肅兮。宜君宜王，綏有福兮。

皇后歸閤，泰安　天監有周，是生太任。亦有太姒，嗣其徽音。孰如兩宮，慈愛相承！思齊之盛，復見于今。

淳熙十六年皇后册寶十三首

皇帝升坐，乾安　乾位旣正，坤斯順承。日麗于天，月斯遡明。惟帝受命，惟帝並登。黼扆尊臨，典册是行。

册寶入門，正安　迺協良辰，維春之宜。迺詔近弼，來汝相儀。九門洞開，文物華輝。聲詩載歌，于以侑之。

册寶出門，正安　有璽範金，有册鏤瓊。汝使汝介，持節以行。禮始文德，達于穆淸。是恪是虔，依我和聲。

皇帝降坐，乾安　鼓鐘喤喤，磬筦鏘鏘。劍佩充庭，濟濟洋洋。禮典告備，皇心樂康。於萬斯年，受福無疆。

穆清殿受册寶，皇后出閤，坤安　懿範柔容，如月斯輝。翟輅，被以褘衣。九御從之，如雲祁祁。典册是承，心焉肅祗。

册寶入門，宜安　華榱壁璫，有馨椒殿。備物來陳，多儀式煥。曰册曰寶，是刻是瑑。並舉以行，皇矣懿典。

皇后降殿，承安　褘褕盛服，有恪其容。是陟是降，相以尙宮。金殿玉階，聿來于中。展詩應律，載詠肅雍。

皇后受册寶，咸安　帝有顯命，稟于親慈。后德克承，拜而受之。人倫旣正，王化是基。億載萬年，永祚坤儀。

皇后升坐，和安　帝慶三宮，膺受寶册。御于中闈，載欣載愓。迺孚陰教，迺明內則。翼翼魚貫，罔不承式。

內命婦入門，惠安　掖庭頒官，于位有四。嘒彼小星，撫以德惠。熙焉如春，育焉如地。慶禮聿成，靡弗咸喜。

外命婦入門，咸安　魚軒鼎來，象服是宜。班于內庭，率禮惟祗。化以婦道，時惟母儀。

是慶是類，于胥樂兮。

皇后降坐，徽安　正位長秋，容典備矣。王假有家，人倫至矣。儷極俔天，多受祉矣。螽斯，宜孫子矣。

皇后歸閤，泰安　維天佑宋，盛事相仍。崇號三宮，肅茲浹辰。肇正中闈，縟禮載陳。邦家之慶，曠古無倫。

皇帝升坐，乾安〔三〕　乾健坤順，羣生首資。日常月升，四時叶熙。帝嗣天歷，后崇母儀。黼黻承暉，王化是基。

使副入門，正安　熛闕蟺蜎，璧門雲龍。烈文維輔，翊奉有容。典章煇明，彝度肅雍。蒇時縟儀，登于瑤宮。

册寶出門，正安　金晶麗輝，璧葉含春。贊夏之翼，繹虞之嬪。樂序韶亮，禮文藻新。辟公相成，物采彬彬。

皇帝降坐，乾安　帟旒雲舒，金秀充庭。璇衞鑾華，蒨佩垂綎。皇容熙備，柔儀順承。三宮齊懽，萬福昭膺。

皇后出閤，坤安　翚翟崇容，褘鞠陳衣。戾止蘭殿，夙興椒闈。淑正宣華，粹明騰煇。欽若有承，嗣音之徽。

册寶入門，宜安　褘帟流光，沙祥增衍。編玉鏤德，螭金溢篆。粹猷藻黻，徽文華顯。二南聲詩，于時昭闡。

皇后降殿，承安　翬珩煥采，趨節風韶。陟降城陛，奉將英瑤。辟道承薰，嬪儀揚翹。是敬是祗，德音孔昭。

皇后受册寶，成安　帝奉太室，后儀成之。帝養三宮，后志承之。德如關雎，盛如螽斯。宜君宜王，百世本支。

皇后升坐，和安　肅肅壼彝，雍雍陰教。險詖自防，警戒是傚。中閫端委，列御胥告。其思輔順，永翼帝孝。

內命婦入門，惠安　天子九嬪，王宮六寢。有煒令儀，載秩華品。福履綏將，節用躬儉。矢其德音，于以來諗。

外命婦入門，咸安　象服之文，鵲巢之風。化以婦道，覲于內宮。采蘋澗濱，采藻澗中。夙夜在公，贊彼累功。

皇后降坐，和安　光佑晏寧，惠慈燕喜。壽仁並崇，家邦均祉。懿文交舉，壼册嗣美。維億萬年，愛敬惟似。

皇后歸閤，泰安　天心仁佑，坤德世昭。灼有慈範，著于累朝。儉以贊虞，勤以承堯。是用則傚，共勵夙宵。

嘉泰三年皇后册寶十三首

皇帝升坐，乾安　茂建坤極，容典聿新。天命所贊，慈訓是遵。肅涓穀旦，躬御紫宸。鴻禧累福，駢賚翕臻。

使副入門，正安　端門曉闢，瑞氣雲凝。有儼良輔，踵武造廷。肅肅王命，是將是承。登册穆清，萬歲永膺。

册寶出門，正安　瑤册玉寶，爛然瑞輝。旁翼絳節，上承紫微。璆鳴朝佩，徐出獸扉。登進坤極，益彰典徽。

皇帝降坐，乾安　天臨黼扆，雲集弁纓。金石遞奏，典禮備成。玉趾緩步，龍駕翼行。言旋北極，永燕西清。

皇后出閤，乾安〔四〕　日薰椒屋，雲靄璧門。有華瑞節，來自帝閽。統天惟乾，合德者坤。我龍受之，福祿永繁。

册寶入門，宜安　虹輝燦爛，雲篆綢繆。絳節前導，瑞光上浮。瑤階玉扉，旣集長秋。欽承天寵，永荷帝休。

皇后降殿，承安　瑤殿淸閟，玉墄坦夷。褘衣副珈，陟降不遲。寶册聿至，載肅載祗。禮儀昭備，福履永綏。

皇后受册寶，咸安　日月臨燭，乾坤覆持。明並二曜，德合兩儀。光媲宸極，共恢化基。膺受茂典，億載永宜。

皇后升坐，和安　寶璽瑤册，既祗既承。繡裀藻席，載躋載升。柔儀肅穆，瑞命端凝。永膺多福，如川方增。

內命婦入門，惠安　服煥盛儀，班分華緻。九嬪婦職，六寢內治。參差荇菜，求勤寤寐。烝然來思，相禮贊祭。

外命婦入門，咸安　婦榮於室，通籍禁中。班列有次，車服有容。佐我關雎，鵲巢之風。被之僮僮，曷不肅雍！

皇后降坐，徽安　金石具舉，典禮茂明。淑慎其止，遹觀厥成。瓊琚微動，鳳輦翼行。儀光媲極，德邁嬪京。

皇后歸閤，泰安　寶坐既興，鳳輿戒行。奏解嚴辦，歸燕邃淸。問安壽慈，奉齎宗祊。彌千萬年，內助聖明。

嘉定十五年皇帝受「恭膺天命之寶」三首

恭膺天命之曲，太蔟宮　我祖受命，恭膺于天。爰作玉寶，載祗載虔。申錫無疆，神聖有傳。昭茲興運，於萬斯年。

舊疆來歸之曲，太蔟宮　於穆我皇，之德之純。涵濡羣生，字我遺民。連齊跨晉，輸貢效珍。土宇日闢，一視同仁。

永淸四海之曲，太蔟宮　我祖我宗，德厚澤深。於皇繼序，益單厥心。天人協扶，一統有臨。乾坤清夷，振古斯今。

至道元年册皇太子二首

太子出入，正安　主鬯之重，允屬賢明。承華肇啓，上嗣騰英。禮修樂舉，育德開榮。一人元良，萬邦以寧。

羣臣稱賀，正安　皇儲旣建，聖祚無疆。鸞旌列敍，雞戟分行。前星有爛，瑞日重光。際天接聖〔三〕，溫文允臧。

天禧三年册皇太子一首

太子出入，明安　明離之象，少陽之位。固邦爲本，體天作貳。儀範克溫，禮章斯備。丕宣令猷，恭守宗器。

乾道元年册皇太子四首

皇帝升坐，乾安　宋受天命，聖緒無疆。惟懷永圖，乃登元良。涓選休辰，册書是將。黼坐天臨，穆穆皇皇。

太子入門，明安　於維皇儲，玉潤金聲。體震之洊，重離之明。册寶具舉，環佩鏘鳴。守器承祧，惟邦之榮。

太子出門，明安　樂備既奏，和聲沖融。玉簡金書，翔鸞戲鴻。下拜登受，旋于青宮。儀辰作貳，垂休無窮。

皇帝降坐，乾安　我禮備成，我駕言旋。降坐而蹕，奏鼓淵淵。國本既定，保佑自天。克昌厥後，何千萬年。

乾道七年册皇太子四首

皇帝升坐，乾安　建儲以賢，闢宮于東。典册既備，筮占既從。濟濟卿士，鏘鏘鼓鐘。天子戾止，盛哉禮容。

太子入門，明安　琱琨瑳瑳，篆金煌煌。對揚于庭，是承是將。星重其暉，日重其光。觀瞻以懌，國有元良。

太子出門，明安　淵中象德，玉裕凝姿。進退周旋，有肅其儀。既定國本，益隆慶基。燕及兩宮，福祿如茨。

皇帝降坐，乾安　儲副豫定，器之公兮。册授孔時，禮之隆兮。天步遲遲，旋九重兮。壽祉萬年，德無窮兮。

嘉定二年册皇太子四首

皇帝升坐　於皇我宋，受命于天。升儲主鬯，衍慶卜年。典册告備，庭工載虔。萬乘莅止，端冕邃延。

太子入門受册寶　太極端御，少陽肅祗。珉簡斯鏤，袞服孔宜。式奏備樂，迺陳盛儀。下拜登受，永言保之。

太子受册寶出門　明兩承曜，作貳宣猷。茂德金昭，令譽川流。豫定厥本，永貽迺謀。三朝致養，問寢龍樓。

皇帝降坐　震洊體象，我儲明兮。渙揚顯册，我禮成兮。大駕言旋，警蹕鳴兮。燕祉無疆，邦之榮兮。

寶祐二年皇子冠二十首

皇帝將出文德殿，隆安　於皇帝德，乃聖乃神。本支百世，立愛惟親。敬共冠事，以明人倫。承天右序，休命用申。

賓贊入門，祗安　豐芑詒謀，建爾元子。揆禮儀年，筮賓敬事。八音克諧，嘉賓至止。于以冠之，成其福履。

賓贊出門，祗安　禮國之本，冠禮之始。賓升自西，維賓之位。于著於阼，維子之義。厥惟欽哉，敬以從事。

皇帝降坐，隆安　路寢闢門，黼坐恭已。羣公在庭，所重維禮。正心齊家，以燕翼子。於萬斯年，王心載喜。

皇子初行　有來振振，月重輪兮。瑜玉在佩，綦組明兮。左徵右羽，德結旌兮。步中采薺，矩矱循兮。

賓贊入門　我有嘉賓，直大以方。亦既至止，厥德用光。冠而字之，厥義孔彰。表裏純備，黃耇無疆。

皇子詣受制位　吉圭休成，其日南至。天子有詔，冠爾皇嗣。爲國之本，隆邦之禮。拜而受之，式共敬止。

皇子升東階　茲惟阼階，厥義有在。歷階而升，敬謹將冠。經訓昭昭，邦儀粲粲。正纚賓筵，壽考未艾。

皇子升筵　秩秩賓筵，籩豆孔嘉。帝子至止，衿纓振華。周旋陟降，禮行三加。成人有德，匪驕匪奢。

初加　帝子惟賢，懋昭厥德。跪冠于房，玄冠有特。鼓鐘喤喤，威儀抑抑。百禮既洽，祚我王國。

初醮　有賓在筵，有尊在戶。磬管將將，醮禮時舉。跪觴祝辭，以永燕譽。寶祚萬年，磐石鞏固。

再冠　復爻肇祥，震維標德。乃共皮弁，其儀不忒。體正色齊，維民之則。璇霄眷佑，國壽箕翼。

再醮　冠醮之義，匪酬匪酌。于戶之西，敬共以恪。金石相宜，冠醮相錯。帝祉之受，施及家國。

三加　善頌善禱，三加彌尊。爵弁峩峩，介珪温温。陽德方長，成德允存。燕及君親，厥祉孔蕃。

三醮　席于賓階，禮義以興。受爵執爵，多福以膺。匪惟服加，德加愈升。匪惟德加，壽加愈增。

皇子降　命服煌煌，跬步中度。慶輯皇闈，化行海宇。禮具樂成，惕若戒懼。寶璐厥躬，有秩斯祜。

朝謁皇帝將出　皇王烝哉，令聞不已！燕翼有謀，冠醮有禮。百僚在庭，遹相厥事。頌聲所同，嘉受帝祉。

皇子再拜　青社分封，前星啓燄。繁弱綏章，厥光莫揜。容稱其德，蓄學之驗。芳譽敷華，大圭無玷。

皇子退　玄袞黼裳，垂徽永世。勉勉成德，是在元子。胙土南賓，厥旨孔懿。充一忠字，作百無愧。

皇帝降坐　爰始於親，聖盡倫兮。元子冠字，邦禮成兮。天步舒徐，皇心寧兮。家人之吉，億萬春兮。

淳化鄉飲酒三十三章

鹿鳴呦呦，命侶與儔。宴樂嘉賓，既獻且醻。獻醻有序，休祉無疆。展矣君子，邦家之光。　鹿鳴呦呦，在彼中林。宴樂嘉賓，式昭德音。德音愔愔，既樂且湛。允矣君子，實慰我心。　鹿鳴呦呦，在彼高岡。宴樂嘉賓，吹笙鼓簧。幣帛戔戔，禮儀蹌蹌。樂只君子，利用賓王。　鹿鳴相呼，聚澤之蒲。我樂嘉賓，鼓瑟吹竽。我命旨酒，以燕以娛。何以贈之？玄纁粲如。　鹿鳴相邀，聚場之苗。我美嘉賓，令名孔昭。我命旨酒，以歌以謠。何以置之？大君之朝。鹿鳴相應，聚山之荆。我燕嘉賓，鼓簧吹笙。我命旨酒，以逢以迎。何以薦之？揚于王庭。

右鹿鳴六章，章八句。

瞻彼南陔，時物嘉良。有泉淸泚，有蘭馨香。晨飮是汲，夕膳是嘗。慈顏未悅，我心靡遑。嬉嬉南陔，眷眷慈顏。和氣怡色，奉甘與鮮。事親是宜，事君是思。虔勵忠孝，邦家之基。

右南陔二章，章八句。

洋洋嘉魚，佇以美罛。君子有道，嘉賓式燕以娛。洋洋嘉魚，佇以芳罟。君子有德，嘉賓式歌且舞。我有宮沼，龜龍擾之。君子有禮，嘉賓式貴表之。我有宮藪，麟鳳來思。君子有樂，嘉賓式慰勤思。相彼嘉魚，爰縱之罶。我有旨酒，嘉賓式燕以樂。相彼嘉魚，在漢之梁。我有旨酒，嘉賓式燕以康。森森喬木，美蔓縈之。我有旨酒，嘉賓式燕宜之。喈喈黃鳥，載飛載止。我有旨酒，嘉賓式燕且喜。

右嘉魚八章，章四句。

崇丘峩峩，動植斯屬。高旣自遂，大亦自足。和風斯扇，膏雨斯沐。我仁如天，以亭以育。崇丘巍巍，動植其依。高大之性，各極爾宜。王道坦坦，皇猷熙熙。仁壽之域，烝民允躋。

右崇丘二章，章八句。

關雎于飛，洲渚之湄。自家刑國，樂且有儀。郁郁芳蘭，幽人擷之。温温恭人，哲后求之。求之無斁，寤寐所屬。罄爾一心，受天百祿。郁郁芳蘭，雨露滋之。温温恭人，圭組縻之。郁郁芳蘭，佩服珍之。温温恭人，福履綏之。關雎蹌蹌，集水之央。好求賢輔，同揚德光。蘋蘩芳滋，同誰掇之。願言賢德，靡日不思。偶其賢德，輔成己職。永配玉音，服之無斁。潔其粢盛，中心匪寧。薦於宗廟，助君德馨。賢淑來思，人之表儀。風化天下，何樂如之！

右關雎十章，章四句。

彼鵲成巢，爾類攸處。之子有歸，瓊瑤是祖。彼鵲成巢，爾類攸匹。之子有行，錦繡是飾。彼鵲成巢，爾類攸共。之子有從，蘭蓀是奉。伊鵲成巢，珍禽戾止。婉彼佳人，配于君子。伊鵲營巢，珍禽攸處。內助賢侯，弼于明主。伊鵲營巢，珍禽輯睦。均養嘉雛，致于蕃育。

右鵲巢六章，章四句。

大觀聞喜宴六首

狀元以下入門，正安　多士濟濟，于彼西雍。欽肅威儀，亦有斯容。烝然來思，自西自東。天畀爾祿，惟王其崇。

初舉酒，賓興賢能　明明天子，率由舊章。思樂泮水，光于四方。薄采其芹，用賓于王。我有好爵，寘彼周行。

再酌，於樂辟雍　樂只君子，式燕又思。服其命服，攝以威儀。鐘鼓既設，一朝醻之。德音是茂，邦家之基。

三酌，樂育英才　聖謨洋洋，綱紀四方。烝我髦士，觀國之光。遐不作人，而邦其昌。以燕天子，萬壽無疆。

四酌，樂且有儀　我求懿德，烝然來思。籩豆靜嘉，式燕綏之。温温其恭，莫不令儀。追琢其章，髦士攸宜。

五酌，正安　思皇多士，揚于王庭。鐘鼓樂之，肅雝和鳴。威儀抑抑，既安且寧。天子萬壽，永觀厥成。

政和鹿鳴宴五首

初酌酒，正安　思樂泮水，承流辟雍。思皇多士，賁然來從。雝雝濟濟，四方攸同。登于天府，維王是崇。

再酌，樂育人才　鐘鼓皇皇，磬筦鏘鏘。登降維時，利用賓王。髦士攸宜，邦家之光。媚于天子，事舉言揚。

三酌，賢賢好德　嗚鹿呦呦，載弁俅俅。烝然來思，旨酒思柔。之子言邁，泮渙爾游。于彼西雍，對揚王休。

四酌，烝我髦士　首善京師，灼于四方。烝我髦士，金玉其相。飲酒樂曲，吹笙鼓簧。勉戒徒御，觀國之光。

五酌，利用賓王　遐不作人，天下喜樂。何以況之？鳶飛魚躍。旣勸之駕，獻酬交錯。利用賓王，縻以好爵。

校勘記

〔一〕至尊壽皇聖帝　「皇聖」二字原倒。按「至尊壽皇聖帝」係趙惇上趙昚的尊號，據本書卷三五孝宗紀、宋會要帝系一之七改。下文同。

〔二〕皇后出閤乾安　「乾安」，宋會要樂七之二〇作「坤安」。按上下文皇太后、太上皇后、皇后出閤都用坤安，疑宋會要是。

〔三〕皇帝升坐乾安　據上下文及本節標題，自此以下十三首當是另一次册后所用。按本書卷三七寧宗紀、宋會要后妃一之八至九，慶元二年尚有一次皇后册禮，疑此十三首卽該次册禮所用。本目前當另有標題。

〔四〕皇后出閤乾安　「乾安」，宋會要樂七之二五作「坤安」，疑是。

〔五〕際天接聖　「際」，宋會要樂七之二六作「繼」。

宋史卷一百四十

志第九十三

樂十五 鼓吹上

鼓吹者，軍樂也。昔黃帝涿鹿有功，命岐伯作凱歌，以建威武、揚德風、厲士諷敵。其曲有靈夔競〔一〕、鵰鶚爭、石墜崖、壯士怒之名，周官所謂「師有功則凱歌」者也。漢有朱鷺等十八曲，短簫鐃歌序戰伐之事，黃門鼓吹爲享宴所用，又有騎吹二曲。說者謂列於殿庭者爲鼓吹，從行者爲騎吹。魏、晉而下，莫不沿尙，始有鼓吹之名。江左太常有鼓吹之樂，梁用十二曲，陳二十四曲，後周亦十五曲。唐制，大駕、法駕、小駕及一品而下皆有焉。

宋初因之，車駕前後部用金鉦、節鼓、掆鼓、大鼓、小鼓、鐃鼓、羽葆鼓、中鳴、大橫吹、小橫吹、觱栗、桃皮觱栗、簫、笳、笛，歌導引一曲。又皇太子及一品至三品，皆有本品鼓吹。凡大駕用一千五百三十人爲五引，司徒六十四人，開封牧、太常卿、御史大夫、兵部尙書各二十三人。法駕三分減一，用七百六十一人爲二引〔三〕，開封牧、御史大夫各一十六人。小駕用八百一十六人。太常鼓吹署樂工數少，每大禮皆取之於諸軍。一品已下喪葬則給之，亦取於諸軍。又大禮，車駕宿齋所止，夜設警場，用一千二百七十五人。奏嚴用金鉦、大角、大鼓，樂用大小橫吹、觱栗、簫、笳、笛，角手取於近畿諸州，樂工亦取於軍中，或追府縣樂工備數。歌六州、十二時，每更三奏之。大中祥符六年，以其煩擾，詔罷追集，悉以禁兵充，常隸太常閱集。七年，親享太廟，登歌始作，聞廟外奏嚴，遂詔：行禮之次，權罷嚴警；禮畢，仍復故。凡祀前一日，上御青城門觀奏嚴。若車駕巡幸，則夜奏於行宮前，人數減於大禮，凡用八百八十人。眞宗崇奉聖祖，亦設儀衞，別作導引曲，今附之。

兩朝志云：「大駕千七百九十三人，法駕千三百五人，小駕千三十四人，人數多於前。鑾駕九百二十五人。迎奉祖宗御容或神主祔廟，用小鑾駕三百二十五人，上宗廟謚册二百人，其曲卽隨時更製。」

自天聖已來，帝郊祀、躬耕籍田，皇太后恭謝宗廟，悉用正宮降仙臺〔三〕、導引、六州、十二時，凡四曲。景祐二年，郊祀減導引第二曲，增奉禋歌。初，李照等撰警嚴曲，請以振容爲名，帝以其義無取，故更曰奉禋。其後袷享太廟亦用之。大享明堂用黃鐘宮，增合宮歌。凡山陵導引靈駕，章獻、章懿皇后用正平調，仁宗用黃鐘羽，增昭陵歌；神主還宮，用大石調，增虞神歌。凡迎奉祖宗御容赴宮觀、寺院并神主祔廟，悉用正宮，惟仁宗御容赴景靈宮改用道調，皆止一曲。

皇祐中大饗明堂，帝謂輔臣曰：「明堂直端門，而致齋於內，奏嚴於外，恐失靖恭之意。」詔禮官議之，咸言：「警場本古之鼜鼓〔四〕，所謂夜戒守鼓者也。王者師行、吉行皆用之。今乘輿宿齋，本緣祀事，則警場亦因以警衆，非徒取觀聽之盛，恐不可廢。若以奏嚴之音去明堂近，則請列於宣德門百步之外，俟行禮時，罷奏一嚴，亦足以稱虔恭之意。」帝曰：「既不可廢，則祀前一夕邇於接神，宜罷之。」

熙寧中，親祠南郊，曲五奏，正宮導引、奉禋、降仙臺；祠明堂，曲四奏，黃鐘宮導引、合宮歌：皆以六州、十二時。永厚陵導引、警場及神主還宮，皆四曲，虞主祔廟、奉安慈聖光獻皇后山陵亦如之。諸后告遷、升祔，上仁宗、英宗徽號，迎太一宮神像，亦以一曲導引，率因事隨時定所屬宮調，以律和之。

元豐中，言者以鼓吹害雅樂，欲調治之，令與正聲相得。楊傑言：「正樂者，先王之德音，所以感召和氣、格降上神、移變風俗，而鼓吹者，軍旅之樂耳。蓋鼓角橫吹，起於西域，聖人存四夷之樂，所以一天下也；存軍旅之樂，示不忘武備也。『鞮鞻氏掌夷樂與其聲歌，祭祀則歗而歌之，燕亦如之。』今大祀，車駕所在，則鼓吹與武嚴之樂陳於門而更奏之，以備警嚴。大朝會則鼓吹列於宮架之外，其器既異先代之器，而施設概與正樂不同。國初以來，奏大樂則鼓吹備而不作，同名爲樂，而用實異。雖其音聲間有符合，而宮調稱謂不可淆混。故大樂以十二律呂名之，鼓吹之樂則曰正宮之類而已。乾德中，設鼓吹十二案，制氈床十二，爲熊羆騰倚之狀。每案設大鼓、羽葆鼓、金錞各一，歌、簫、笳各二〔五〕。又有叉手笛，名曰拱宸管，考驗皆與雅音相應，列於宮縣之籍，編之令式。若以律呂變易夷部宮調〔六〕，則名混同而樂相紊亂矣。」遂不復行。

元符三年七月，學士院奏：「太常寺鼓吹局應奉大行皇帝山陵鹵簿、鼓吹、儀仗，幷嚴更、警場歌詞樂章，依例撰成。靈駕發引至陵所，仙呂調導引等九首，已令樂工協比聲律。」從之。

政和七年三月，議禮局言：「古者，鐃歌、鼓吹曲各易其名，以紀功烈。今所設鼓吹，唯備警衞而已，未有鐃歌之曲，非所以彰休德、揚偉績也。乞詔儒臣討論撰述，因事命名，審協聲律，播之鼓吹，俾工師習之。凡王師大獻則令鼓吹具奏，以聳羣聽。」從之。十二月，詔六州改名崇明祀，十二時改名稱吉禮，導引改名熙事備成，六引內者，設而不作。

紹興十六年，臣僚言：「國家大饗，乘輿齋宿必設警場，肅儀衞而嚴祀事。樂工隸太常，歌詞備三疊，累朝以來皆用之。比者，郊廟行事，率代以鉦、鼓，取諸殿司。夫軍旅、祭祀，事既異宜；樂聲淸濁，用以殊尙。鉦、鼓、鳴角列於鹵簿中，所以示觀德之盛，宜詔有司更鼙，兼籍鼓吹樂工以時閱習，遇熙事出而用之。」有司請下軍器所造節鼓一，奏嚴鼓一百二十，鳴角亦如之，金鉦二十有四。太常前後部振作通用一千八百五十七人，而鼓吹益盛。

孝宗隆興二年，兵部言：「奉明詔，大禮乘輿服御，除玉輅、平輦等外，所用人數並從省約。內鼓吹合用八百四十一人，止用五百八十八人；警場合用二百七十五人，止用一百三十人。」淳熙中大閱，帝自祥曦殿戎服而出，皇太子、親王、執政以下並從，諸將皆介冑乘馬導駕，軍器分衞前後，奏隨軍鼓管大樂。上尋易金甲，乘馬升將臺，殿帥舉黃旗，諸軍呼拜，奏發嚴，中軍鳴角。馬步簇隊，連三鼓。至四鼓，舉白旗，中軍鼓聲旗應，乃變方陣。別高一鼓，馬步軍出陣。別高一鼓，各歸部隊。五鼓舉黃旗，變員陣。又鼓，舉赤旗，變銳陣；青旗變直陣。收鼓訖，一金止，重鼓鳴角，簇隊放教。此其凡也。

開寶元年南郊三首

導引 氣和玉燭，睿化著鴻明，緹管一陽生。郊禋盛禮燔柴畢，旋軫鳳凰城。森羅儀衞振華纓，載路溢歡聲。皇圖大業超前古，垂象泰階平。　歲時豐衍，九土樂升平，覩寰海澄清。道高堯、舜垂衣治，日月並文明。嘉禾、甘露登歌薦，雲物煥祥經。兢兢惕惕持謙德，未許禪云、亭。

六州　嚴夜警，銅蓮漏遲遲。清禁肅，森陛戟，羽衞儼皇闈。角聲勵，鉦鼓攸宜。金管成雅奏，逐吹逶迤。薦蒼璧，郊祀神祇，屬景運純禧。京坻豐衍，羣材樂育，諸侯述職，盛德服蠻夷。殊祥萃，九苞丹鳳來儀。膏露降，和氣洽，三秀煥靈芝。鴻猷播，史册相輝。張四維，卜世永固丕基。敷玄化，蕩蕩無爲，合堯、舜文思。混并寰宇，休牛歸馬，銷金偃革，蹈詠慶昌期。

十二時　承寶運，馴致隆平，鴻慶被寰瀛。時淸俗阜，治定功成，遐邇詠由庚。嚴郊祀，文物聲明。會天正，星拱奏嚴更，布羽儀簪纓。宸心虔潔，明德播惟馨。動蒼冥，神降享精誠。燔柴半，萬乘移天仗，肅鑾輅旋衡。千官雲擁，羣后葵傾，玉帛旅明庭。韶、濩薦，金奏諧聲，集休亨。皇澤浹黎庶，普率洽恩榮。仰欽元后，睿聖貫三靈。萬邦寧，景貺福千齡。

眞宗封禪四首

導引　民康俗阜，萬國樂升平，慶海晏河淸。唐堯、虞舜垂衣化，詎比我皇明！九天寶命垂丕貺，雲物效祥英。星羅羽衞登喬嶽，親告禪云、亭。汾陰云：「星羅羽衞臨汾曲，親享答資生。」我皇垂拱，惠化洽文明，盛禮慶重行。登封、降禪燔柴畢，汾陰云：「告虔睢上皇儀畢。」

天仗入神京。雲雷布澤徧寰瀛，遐邇振歡聲。巍巍聖壽南山固，千載賀承平。

六州　良夜永，玉漏正遲遲。丹禁肅，周廬列，羽衞遶皇闈。嚴鼓動，畫角聲齊。金管飄雅韻，遠逐輕颸。薦嘉玉，躬祀神祇，祈福爲黔黎。升中盛禮，增高益厚，登封檢玉，時邁合周詩。汾陰云：「方丘盛禮，精嚴越古，陳牲檢玉，時邁展鴻儀。」玄文錫，慶雲五色相隨。甘露降，醴泉涌，汾陰云：「嘉禾合。」三秀發靈芝。皇猷播，史册光輝(七)。受鴻禧，萬年永固丕基。吾君德，蕩蕩巍巍，邁堯、舜文思。從今寰宇，休牛歸馬，耕田鑿井，鼓腹樂昌期。

十二時　聖明代，海縣澄清，惠化洽寰瀛。時康歲足，治定武成，遐邇賀升平。嘉壇上，昭事神靈。薦明誠，報本禪云、亭，汾陰云：「蠲潔答鴻寧。」俎豆列犧牲。宸心蠲潔，明德薦惟馨。紀鴻名，千載播天聲。燔柴畢，汾陰云：「親祀畢。」雲罕回仙仗，慶鑾輅還京。八神扈蹕，四隩來庭，嘉氣覆重城。殊常禮，曠古難行，遇文明。仁恩蘇品彙，沛澤被簪纓。祥符錫祚，武庫永銷兵。育羣生，景運保千齡。

告廟導引　明明我后，至德合高穹，祗翼勵精衷。上眞紫殿回飈馭，示聖胄延鴻。躬承寶訓表欽崇，慶澤布寰中。告虔備物朝清廟，荷景福來同。

奉祀太清宮三首

導引　穹旻錫祐，盛德日章明，見地平天成。垂衣恭己干戈偃，億載祐黎甿。羽旄飾駕當春候，款謁居殊庭。精衷昭感膺多福，夷夏保咸寧。聖君御宇，祗翼奉三靈，已偃革休兵。區中海外鴻禧浹，恭館勵虔誠。九斿七萃著聲明，徯后徇輿情。丕圖寶緒承繁祉，率土仰隆平。

六州　千載運，寶業正遐昌。欽至道，崇明祀，盛禮邁前王。鑾輅動，萬騎騰驤。馳道紛綵仗，瑞日煌煌。奉秘檢，玉羽羣翔，非霧滿康莊。躬朝眞館，齊心繹思，順風俯拜，奠酒爇蕭薌。精衷達，飈輪降格昭彰。回羽旆，駐琱輦，舊地訪睢陽。享淸廟，孝德輝光。屆靈場，星羅萬國珪璋。陳牲幣，金石鏘洋，景福降穰穰。垂衣法坐，恩覃羣品，慶均海寓，聖壽保無疆。

十二時　乾坤泰，帝壽遐昌〔九〕，寓縣樂平康。眞遊降格，寶誨昭彰，宸蹕造仙鄉。崇妙道，精意齊莊。款靈場，潔豆薦芬芳，備樂奏鏗鏘。猶龍垂裕，千古播休光。極褒揚，明號洽徽章。朝修展，春豫諧民望，覩文物煌煌。言旋羽衞，肅設壇場，報本達蕭薌。申嚴祀，禮備烝嘗，答穹蒼。純禧霑品彙，慶賚浹窮荒。封人獻壽，德化掩陶唐。保綿長，錫祐永無疆。

亳州迴詣玉淸昭應宮一首

導引　祕文鏤玉，金閣奉安時，旌蓋儼仙儀。珠旒俯拜陳章奏，精意達希夷。卿雲郁郁曜晨曦，玉羽拂華枝。靈心報貺垂繁祉，寶祚永隆熙。

親享太廟一首

導引　躬朝太室，列聖大功宣，綵仗耀甘泉。祕文升輅空歌發，一路覆祥煙。珠旒薦獻極精虔，列侍儼貂蟬。穰穰降福均寰宇，垂拱萬斯年。

南郊恭謝三首

導引　重熙累盛，睿化暢眞風，尊祖奉高穹。林棽綵仗明初日，瑞氣滿晴空。玉鑾徐動出環宮，虔翬罄宸衷。禮成均慶人神悅，聖壽保無窮。

六州　承天統，聖主應昌辰。寶籙降，飇游至，瑞命慶惟新。崇大號，仰奉高眞。獻歲當初吉，天下皆春。謁祕宇，藻衞星陳，薌靄極紛綸。瓊編焜燿，仙衣綷縩，垂旒俯拜，薦獻禮惟寅。芬芳備，精衷上達穹旻。尊道祖，享淸廟，助祭萬方臻。升泰時，縟典彌文。侍羣臣，漢庭儒雅彬彬。煙飛火擧，畢嚴禋，天地降氤氳。高臨華闕，恩覃動植，慶延宗社，聖壽比靈椿。

十二時　亨嘉會，萬寓歡康，聖化邁陶唐。元符錫命，天鑒昭彰，徽號奉琳房。陳縟禮，獻歲惟良。耀旂章，翠輦駐仙鄉，睿意極齊莊。仙衣渥彩，玉册共熒煌。薦芬芳〔九〕，飇馭降靈場。回雲罕，尊祖趨仙宇，金石韻鏘洋。肆朝淸廟，躬奠瑤觴，報本國之陽。執籩豆，列侍貂璫，對穹蒼。洪恩霈夷夏，大慶浹家邦。垂衣紫極，聖壽保遐昌。集祺祥，地久與天長。

天書導引七首

詣泰山　我皇纘位，覆燾合穹旻，祕籙示靈文。齊居紫殿膺玄貺，降寶命絪氳。奉符讓德事嚴禋，檢玉陟天孫。垂鴻紀號光前古，邁八九爲君。汾陰云：「后祇坤德宅河、汾，瘞玉考前聞。垂休紀續超唐、漢，光監格鴻勳。」

靈臺偃武，書軌慶同文，奄六合居尊。圓穹錫命垂眞籙，清曉降金門。升中報本禪云云，汾陰云：「方丘報本務精勤。」嚴祀事惟寅。無爲致治臻清淨，見反朴還淳。

詣太清宮　寶圖熙盛，登格聖功全，瑞命集靈篇。欽修祀典成明祭，道祖降雲軿。賴鄉眞館宅眞仙，朝謁帝心虔。尊崇教父膺鴻祜，綿亘萬斯年。

猶龍勝境，眞宇儼靈姿，肅謁展皇儀。寶符先路，嘉祥應，雲物煥金枝。紛紜紫節間黃麾，藻衞極葳蕤。高穹報貺延休祉，仁壽協昌期。

詣玉清昭應宮　紫霄金闕，重疊降元符，億兆祚皇圖。雲章焜耀傳溫玉，寶閣起清都。奉迎綵仗溢天衢，觀者競歡呼。明君欽翼承鴻蔭，億載御中區。

寶符錫祚，慶壽命惟新，俄降格飈輪。巍巍帝德增虔奉，懿號薦穹旻。精齊祕館奉嚴禋，文物耀昌辰。

升煙太一修郊報，鴻祉介烝民。

詣南郊　聖神纘緒，赫奕帝圖昌，寶籙降穹蒼。宸心勵翼修郊報，綵仗列康莊。祥煙瑞靄雜天香，筦磬發聲長。升壇禮畢膺繁祉，睿算保無疆。

建安軍迎奉聖像導引四首

玉皇大帝　太霄玉帝，總御冠靈眞，威德聳天人。寶文瑞命符皇運，緜遠慶維新。洞開霞館法虛晨，八景降飆輪。含生普洽平鴻福〔10〕，聖壽比仙椿。

聖祖天尊　至眞降鑒，飆馭下皇闈，淸漏正依依。範金肖像申嚴奉，仙館壯翬飛。萬靈拱衞瑞煙披，岸柳映黃麾。九淸祚聖鴻基永，堯德更巍巍。

太祖皇帝　元符錫命，祗受慶誠明，恭館法三淸。開基盛烈垂無極，金像儼天成。奉迎霞布甘泉仗，簫瑟振和聲。靈辰協吉鴻儀畢，萬國保隆平。

太宗皇帝　膺乾撫運，垂慶洽重熙，元聖嗣鴻基。發揮寶緒靈仙降，感吉夢先期。良金璀璨範眞儀，精意答蕃釐。閟宮神館崇嚴配，萬祀播葳蕤。

聖像赴玉淸昭應宮導引四首

玉皇大帝　先天氣祖，魄寶御中宸，列位冠高眞。綠符錫瑞昭元聖，寶曆亘千春。琳宮壯麗俯嚴闉，璇碧照龍津。珍金鑄像靈儀晬，集福庇烝民。

聖祖天尊　儷宗靈祖，御氣降中宸，孚宥慶惟新。國工鎔範成金像，儀炳動威神。玉虛聖境絕纖塵，歡抃洽羣倫。導迎雲駕歸琳館，恭肅奉高眞。

太祖皇帝　石文應瑞，眞主御寰瀛，慈儉撫羣生。巍巍威德超千古，大業保盈成。神皐福地開恭館，靈貺日昭明。鑄金九牧天儀晬，紺殿矗千楹。

太宗皇帝　乘雲英聖，千載仰皇靈，垂法藹朝經。禹金鎔範肖儀刑，日角煥珠庭。琳宮翠殿鳳文屏，迎奉慶安寧。孝思瞻謁薦惟馨，誠懿貫青冥。

奉寶册導引三首

玉淸昭應宮　太霄垂佑，緜寓洽禔祥，祕檢煥雲章。宸心虔奉崇徽號，茂典邁前王。霞明藻衞列通莊，寶册奉琳房。都人震抃騰謠頌，億載保歡康。

景靈宮　明明道祖，金闕冠仙眞，淸禁降飈輪。遙源始悟垂鴻慶，億兆聳羣倫。虔崇徽號盛儀陳，寶册奉良辰。邦家億載蒙繁祉，聖壽保無垠。

太廟　祖宗垂佑，亨會協重熙，德澤被烝黎。虔崇尊謚陳徽册，藻衞列葳蕤。宸心致孝極孜孜，展禮詔台司。祥煙瑞靄浮淸廟，緜寓被純禧。

治平四年英宗祔廟導引一首

壽原初掩，歸蹕九虞終，仙馭更無蹤。思皇攀慕追來孝，作廟繼三宗。旌旗居外擁千重，延望想威容。寶輿迎引歸新殿，奏享備欽崇。

熙寧二年仁宗、英宗御容赴西京會聖宮、應天禪院奉安導引一首

九清三境，飈馭杳難追，功烈並巍巍。洛都不及西巡到，猶識晬容歸。三條馳道隱金椎，仙仗共逶迤。珠宮紺宇申嚴奉，億載固皇基。

章惠皇太后神主赴西京導引一首

祥符盛際，二鄙正休兵，瑞應滿寰瀛。東封西祀鳴鑾輅，從幸見升平。仙遊一去上三清，廟食享隆名。寢園松柏秋風起，簫吹想平生。

中太一宮奉安神像導引一首

九霄仙馭，四紀樂西清，游衍遍黃庭。雲駢萬里歸眞室，上應泰階平。金輿玉像下瑤京，綵仗擁霓旌。天人感會千年運，福祚永昌明。

四年英宗御容赴景靈宮奉安導引一首

鼎湖龍去，仙仗隔蓬萊，輦路已蒼苔。漢家原廟臨清渭，還泣玉衣來。鳳簫鸞扇共徘徊，帳殿倚雲開。春風不向天袍動，空繞翠輿回。

十年南郊，皇帝歸青城降仙臺（二）一首

降仙臺

清都未曉，萬乘並駕，煌煌擁天行。祥風散瑞靄，華蓋聳旂常，建耀層城。四列

兵衞，爟火映金支翠旌。衆樂讋作充宮廷，皦繹成。紺幄掀，袞冕明。妥帖壇陛，霄升振珩璜，神格至誠。雲車下冥冥，儲祥降嘏莫可名。御端闈，肹號敷榮。澤翔施溥，茂祉均被含生。

元豐二年慈聖光獻皇后發引四首

儀仗內導引一首　駕斑龍，忽催金母，轉仙仗，去瑤宮。絳闕深沉杳無蹤，漸塵空。絲網瓊林，花似怨東風，垂清露啼紅。猶想舊春中，獻萬壽，寶船空。

警場內三曲

六州　九龍輿，記春暮，幸蓬壺。瓊囿敞，繡仗趨，年華與逝水俱。瑤京遠，信息斷無。寶津池面落花鋪，愁晚容車來禁塗。鳳簫鸞翣，西指昭陵去。舊賞蟠桃熟，又見漲海枯。應共靈眞母，曳霞裾。宴清都，恨滿山隅，春城翠柏藏烏。扃戶劍，照燈魚，人間一夢覺餘。泉宮窈窕鏁夜龍，銀江澄澹浴仙鳧，煙冷金爐玉殿虛。綠苔新長，雕輦曾行處。夜夜東朝月，似舊照錦疏，侍女盈盈淚珠。

十二時　治平時，暫垂簾，佑聖子，解危疑。坐安天下，踰歲厭避萬機，退處宸闈。殿開慶，養志入希夷。扶皓日，浴咸池。看神孫撫御，千載重雍累熙，四方欽仰洪慈。陰德遠，仁功積，歡養罄九域，禮無違。事難期，乘霞去，乍覩升仙，詰下九閽。泣血漣如，更鸞車動，春晚霧暗翠旂，路指嵩、伊。薤歌鳳吹，悠颺逐風悲。珠殿悄，網塵垂。空坐濕，罔極吾皇孝思，鏤玉寫音徽。彤管煒，青編紀，寧更羨周雅播聲詩。

祔陵歌　眞人地，瑞應待聖時。鞏原西，滎、河會，澗、洛與瀍、伊，衆水縈回。嵩高映抱，幾疊屏幃。秀嶺參差，遙山羣鳳隨。共瞻陵寢浮佳氣，非煙朝暮飛，龜筮告前期。奩收玉罼，筵卷時衣。鑾輅曉駕載龍旂，路逶遲。鈴歌怨，畫翣引華芝，霧薄風微。眞游遠，閟寶閣金扉，侍女悲啼。玉堦春草滋，露桃結子靈椿翠，青車何日歸！銜恨望西畿。便一房鏁，夜臺曉無期。

虞主回京四首

儀仗內導引一曲　龍輿春晚，曉日轉三川，鼓吹慘寒煙。清明過後落花天，望池館依然。東風百寶泛樓船，共薦壽當年。如今又到苑西邊，但魂斷香軿。

警場內三曲

六州　慶深恩，寶曆正乾坤。前帝子，後聖孫，援立兩儀軒。西宮大母朝寢門，望椒闈常溫。芳時媚景，有三千宮女，相將奉玉輦金根。上林紅英繁，縹緲鈞天奏梨園。望絕瑤池，影斷桃源。恨難論，開禁闥，春風丹旐翩翩。飛翠蓋，駕珊輼，容衛入西原。管簫動地淸喧，陵上柏煙昏。殘霞弄影，孤蟾浮天外，行人觸目是消魂。問蒼天，塵世光陰去如奔。河、洛潺湲，此恨長存。

十二時　望嵩、邙，永昭陵畔，王氣壓龍岡。鞏、洛靈光，鬱鬱起嘉祥。虛綵帟，轉哀仗，閟幽堂。歎仙鄉路長，景霞飛松上。珠襦宵掩，細扇晨歸，崑閬茫茫。滿目東郊好，紅葩鬬芳，韶景空駘蕩。對春色，倍淒涼。最情傷，從輦嬪嬙，指瑤津路，淚雨泣千行。翠珥明璫，曾憶薦瓊觴。春又至，人何往，事難忘，向斜陽斷腸。聽鈞天嘹亮，清都風細，朱欄花滿，誰奏清商！紫幄重簾外，時飄寶香。環佩珊珊響，問何日，反琱房！

虞主歌　轉紫芝，指東都帝畿。愁霧裏，簫聲宛轉，輦路逶迤。那堪見，郊原芳菲，日遲遲。對列鳳翣龍旗，輕陰黯四垂。樓臺綠瓦沍琉璃，仙仗歸。壽原清夜，寒月掩褕褘。翠幰琱輪，空反靈螭。憩長岐，嵩峯遠，伊川渺瀰。此時還帝里，旌旛上下，葆羽葳蕤。天街迴，垂楊依依。過端闈，閶闔正闢金扉，觚稜射暖暉。虞神寶篆散輕絲，空涕洟。望陵宮女，嗟物是人非。萬古千秋，煙慘風悲。

虞主祔廟儀仗內導引一首

輕輿小輦，曾宴玉欄秋，慶賞殿宸遊。傷心處，獸香散盡，一夜入丹丘。翠簾人靜月光浮，但半捲銀鉤。誰知道，桂華今夜，卻照鵲臺幽。

五年景靈宮神御殿成，奉迎導引一首

新宮翼翼，鉅麗冠神京，金虬蟠繡楹。都人瞻望洪紛處，陸海湧蓬、瀛。仙輿縹緲下圓淸，彩仗擁天行。熉黃珠幄承靈德，錫羡永升平。

慈孝寺彰德殿遷章獻明肅皇后御容赴景靈宮衍慶殿奉安導引一首

九淸雲杳，颷馭邈難追，功化盛當時。保扶仁聖成嘉靖，彤管載音徽。天都左界抗華榱，仙仗下逶迤。寶楹黼帳承神貺，萬壽永無期。

八年神宗靈駕發引四首

導引

金殿晚，注目望宮車，忽聽受遺書。白雲縹緲帝鄉去，抱弓空慕龍湖。瑤津風物勝蓬壺，春色至，望珊輿。花飛人寂寂，淒涼一夢淸都。

六州

炎圖盛，六葉正協重光。膺寶瑞，更法度，智勇軼超成湯。昭回雲漢爛文章，震揚威武懾多方，生民帖泰擁殊祥。封人祝頌，萬壽與天長。豈知丹鼎就，龍下五雲旁。飄然眞馭，游衍仙鄉。泣彤裳，伊、洛洋洋，嵩峯、少室相望。藏弓劍，游衣冠，雋功盛德難忘。泉臺寂，魚燭熒煌。銀海深，梟鴈翺翔。想像平居，謾焚香。望陵人散，翠柏忽成行。獨餘嵩峯月，夜夜照幽堂，千秋陳迹淒涼。

十二時

珍符錫，佑啓眞人，儲思在斯民。勤勞日升，萬物皆入陶鈞。收威柄，更法令，鼎從新。東風吹百卉，上苑正靑春。流虹節近，衣冠玉帛，交奏嚴宸，萬壽祝堯仁。忽聽宮車晚出，但號慕，瞻雲路，企龍鱗。窮天英冠古精神。杳然上僊，人空望屬車巡。露盧仗星陳，畫翣環擁龍輴。泉宮掩，帝鄉遠，邈難親。反埛輪，飛羽蓋，還渡天津。霧迷朱服，風搖細扇，觸目悲辛。列嬪嬙，垂紅淚，浥行塵。相將問，何日下青旻？

永裕陵歌　升龍德，當位富春秋。受天球，膺駿命，玉帛走諸侯。寶閣珠樓臨上苑，百卉弄春柔。隱約瀛洲，旦旦想宸遊。那知羽駕忽難留，八馬入丹丘，哀仗出神州。笳聲凝咽，旌旆去悠悠。碧山頭，眞人地，龜洛奧，鳳臺幽。繞伊流，嵩峯罔勢結蛟虬。皇堂一閉威顏杳，寒霧帶天愁。守陵嬪御，想像奉龍輈。牙盤赭案肅神休，何日覲雲裘！紅淚滴衣韝，那堪風點綴柏城秋。

虞主回京四首

導引　上林寒早，仙仗轉郊圻，笳鼓入雲悲。逶迤輦路過西池，樓閣鎖參差。都人瞻望意如疑，猶想翠華歸。玉京傳信杳無期，空掩赭黃衣。

六州　承聖緒，垂意在升平。驅貔虎，策豪英，號令肅天兵。四方無復羽書征，德澤浸羣生。睿謀雄雋，絀漢高狹陋，慕三皇二帝登閎，緝樂綴文明。將升岱嶽告功成，玉牒金繩，騰寶飛聲。事難評。軒鼎就，淸都一夢俄頃。飛霞佩，乘龍馭，羽衞入高清。祥光浮動五色，迎鸞鳳，雜簫笙。因山功就，同軌人至，銘旌畫翣，行背重城。楚笳凝咽，漢儀雄盛，攀慕傷情。惟餘內傳，知向蓬、瀛。

十二時　太平時，御華夷。躬聽斷，破危疑。春秋鼎盛，紬聲樂遊嬉，日昇繁機。長駕遠馭，垂意在軒、羲。恢六典，斥三垂。有殊尤絕迹，盛德旁魄周施，方將綴緝聲詩。擴皇綱，明帝典，紹累聖重熙，高拱無爲。事難知。春色盛，逼千秋嘉節，忽聞憑玉几，頒命彤闈，厭世御雲歸。翊翠鳳，駕文螭，縹緲難追。侍臣宮女，但攀慕號悲。玉輪動，指嵩、伊。龍鑣日益遠，空游漢廟冠衣。惟盛德巍巍，鏤玉册，傳青史，昭示無期。

虞神　復土初，明旌下儲胥。回虛仗，簫笳互奏，旌旆隨驅。豈知飈御在蓬壺，道縈紆。風日慘，六馬躊躇，留恨滿山隅。不堪回首，翠柏已扶疏。帝城漸邇，愁霧鎖天衢。公卿百辟，鱗集雲敷，迓龍輿。端門闢，金碧凌虛，此時還帝都。嚴淸廟，入空時，升文物，燦爛極嘉娛。配三宗，號稱神古所無。帝德協唐、虞，九歌畢奏斐然殊，會軒朱。神具燕喜，錫福集皇居。更千萬祀，佑啓邦圖。

神主祔廟導引一首

歲華婉娩，侍宴玉皇宮，瑚輦出房中。豈知軒后丹成去，望絕鼎湖龍。壽原初掩九虞終，歸蹕五雲重。惟餘寶册書鴻烈，淸廟配三宗。

政和三年追册明達皇后導引一首

來嬪初載，令德冠層城，柔範藹徽聲。熊羆夢應芳蘭郁，佳氣擁雕楹。珠宮縹緲泛蓬、瀛，脫屣世緣輕。空餘寶册光瓊玖，千古仰鴻名。

神主祔別廟導引一首

柔容懿範，蚤歲藹層闈，蘭夢結芳時。秋風一夜驚羅幕，鸞扇影空迴。榮追褘翟盛威儀，遺像掩瑤扉。春來只有芭蕉葉，依舊倚晴暉。

景靈西宮坤元殿奉安欽成皇后御容導引一首

雲軿芝蓋，仙路去難攀，海浪濺三山。重迎遺像臨馳道，還似在人間。西宮瑤殿指坤元，璇榜聳飛鸞。移升寶殿從新詔，盛典永流傳。

別廟導引一首

蓬萊遼館，金碧照三山，眞境勝人間。秋風又見芭蕉長，遺迹在人寰。雲軒一去杳難攀，班竹彩輿還。深宮舊監聞簫鼓，悵望慘朱顏。

校勘記

〔一〕靈夔競　舊唐書卷二八音樂志、舊唐書卷八五和新唐書卷一一三唐紹傳、通考卷一四七樂考引陳氏樂書都作「靈夔吼」，疑是。

〔二〕用七百六十一人爲二引　「二」字原脫，據玉海卷一〇六、通考卷一四七樂考補。

〔三〕降仙臺　原脫。通考卷一四七樂考：「本朝鼓吹止有四曲：十二時、導引、降仙臺並六州爲四」，據補。

〔四〕警場本古之鼜鼓　「鼜鼓」，通考卷一四七樂考作「鼓鼜」。鼜爲夜戒守之大鼓，疑通考是。

〔五〕歌簫笳各二　宋會要樂三之二作「歌二人簫二人笳二人」。通考卷一四七樂考作「歌工三、簫二、笳二」。

〔六〕若以律呂變易夷部宮調　通考卷一四七樂考「變」字下有「易」字，據文義，通考是，故補。

〔七〕史冊光輝　「輝」原作「耀」，據宋會要樂八之八改。

〔八〕帝壽遐昌　「壽」，宋會要樂八之九作「祚」。

〔九〕薦芬芳　「薦」字原脫，據宋會要樂八之十補。

〔10〕含生普洽平鴻福　「平」字原是空格，據宋會要樂八之一二補。

〔11〕皇帝歸青城降仙臺　「降仙臺」原作「導引」，據下文和宋會要樂八之四、通考卷一四三樂考改。

宋史卷一百四十一

志第九十四

樂十六 鼓吹下

高宗郊祀大禮五首

導引 聖皇巡狩，清蹕駐三吳，十世嗣瑤圖。邊塵不動干戈戢，文德溥天敷。灰飛緹室氣潛噓，郊見紫壇初。歸來赦令樓前下，喜氣溢寰區。

六州 雙鳳落，佳氣藹龍山。澄江左，清湖右，日夜海潮翻。因吉地，卜築圜壇。宏基隆陛級，神位周環。邊陲靜，掛起橐鞬，奠枕海隅安。三年親祀，一陽初動，虔修大報，高處紫煙燔。看鳴鑾，鈞陳肅，天仗轉，朔風寒。孤竹管，雲和瑟，樂奏徹天關。嘉籩薦，玉奠瑱璠，奉神懽。九霄瑞氣起祥煙，來如風馬欻然還，留福已滋繁。回龍馭，升丹闕，布皇澤，春色滿人間。

十二時　日將旦，陰曀潛消，天宇扇祥飈。邊陲靜謐，夜熄鳴刁，文教普旁昭。興太學，多士舒翹。奉宗祧，新廟榜宸毫，配侑享於郊。慈寧萬壽，四海仰東朝。男女正，中壼致桃夭。年屢稔，漕舟銜尾彯，高廩接楹饒。廟堂自有擎天一柱，功比漢庭蕭。多少羣工同德，俊乂旁招。吉祥諸福集，燮理四時調。三年郊見，六變奏咸、韶。望雲霄，降福與唐堯。

奉禋歌　蒼蒼天色是還非，視下應疑亦若斯。統元氣，覆無私。四時寒暑推移，物蕃滋，造化有誰知！嚴大報，反本始，禮重祀神祇。律管灰吹，黃宮動，陽來復，景長時。車陳法駕，仗列黃麾，帝心祗。紫霄霽，霜華薄，星爛明垂。祥煙起，紛敷浮袞冕，六變笙鏞迭奏，一誠幣玉交持。宮漏聲遲，千官顒相多儀。百神嬉，風馬雲車，來止來綏，誕降純禧。受神策，萬年無極，歌頌昊天成命周詩。

降僊臺　升煙既罷，良夜未曉，天步下神丘。鏘鏘鳴玉佩，煒煒照金蓮，杳靄雲裘。綵仗初轉，回龍馭，旌旆悠悠。星影疎動與天流，漏盡五更籌。大明升，東海頭。杲杲靈曜，倒影射旗旒。輦路具修，鬱葱瑞光浮。歸來雙闕，看御樓，有僊鶴銜書赦囚。萬方喜氣，均祉福，播歌謳。

孝宗郊祀大禮五首

導引　重華天子，長至奉神虞，九奏會軒、朱。星暉雲潤東方曉，拜貺竹宮初。歸來千乘護皇輿，瑞景集金鋪。雞竿高唱恩書下，惠露匝中區。

六州　嚴更永，今夕是何年？玉衡正，鈎陳粲，天宇起祥煙。協風應，江海安瀾。重規仍疊矩，聖主乘乾。舜授禹，盛事光前，稱壽玉巵邊。三年親祀，一陽回律，八鄉承宇，觚陛紫爲壇。仰天顏，齋居寂，誠心肅，禮容專。鳴鍾石，擁輿衞，五輅列駢闐。聽金鑰，虎旅無眠。儼千官，須期顯相嘉籩。一人儉德動天淵，費減大農錢。神示格，宗祧燕，人民悅，祉福正緜緜。

十二時　庭有燎，疊鼓鳴鼉，更問夜如何？信星彪列，天象森羅。虞旦閟宮，畢觴淸廟，漿柘樽犧繼猗那，嘉頌可同科。扆聖萬肩摩。飭躬三宿，泰畤縟儀多。丘澤合，嶽瀆從羲、和。神光燭，雲車風馬，芝作蓋，玉爲珂。奉瑄成禮，燔柴竣事，休嘉砰隱，丹闕湛恩波。共願乾坤隤祉，邊鄙投戈。覆盂連瀚海，洗甲挽天河。欣欣喜色，長遇六龍過。奏雲和，三脊薦嘉禾。

奉禋歌　吹葭緹籥氣潛分，雲采宜書壤効珍。長日至，一陽新。四時玉燭和均，物欣欣，化轉洪鈞。郊之祭，孤竹管，六變舞雲門。自古嚴禋，犧牲具，粢盛潔，豆籩陳。衮龍陟降，幣玉紛綸，徹高閽。靈之斿，神哉沛，排歷昆侖。九歌畢，盈郊瞻槱燎，斗轉參橫將旦，天開地闢如春。淸蹕移輪，闐然鼓吹相聞。籥祥雲，驩臚八陛，鼇逆三神。聖矣吾君！華封祝，慈宮萬壽，椒掖多男，六合同文。

降僊臺　漏殘柝靜，鷄聲遠到，高燎入層霄。雲裘蟠瑞靄，天步下嘉壇，旗旆飄搖。黃麾列仗貔貅整，氣壓江潮。導前從後盛官僚，玉佩間金貂。望扶桑，日漸高，陰霾霜雪，底處不潛消！輦路祥飈，披拂絳紗袍。雲間端闕仰岧嶢，挾春澤，喜浹黎苗。禮成大慶鼇三抃，受昕朝。

寧宗郊祀大禮四首

六州　皇撫極，明德貫乾坤。信星列，卿雲爛，輝亙紫微垣。思報貺，明詔祠官，練時蒐曠典，紫時觚壇。昭孝德，親御和鑾，振鷺玉珊珊。精純謁款，膋蕭爤煬，黃流湛濬，百末布生蘭。扣天閽，延飛駕，相彷彿，降雲端。神光集，嘉嚮應，靄靄萬衣冠。竣熙事，淸曉輕寒。恣榮觀，華衣霧縠般般。乾坤並貺慶君歡，翹首聖恩寬。遵皇極，沛天澤，靈心懌，龜鼎永尊安。

十二時　宵景霽，河漢淸夷，曠典講明時。合祛升侑，孝德爰熙。陳祼閟宮，濬觴太室，來奏天儀。駟蒼螭，玉輅馭觜綏。觚陛展躬祠。長梢飾玉，翠羽秀金支。華始倡，雅韻出宮垂。神來下，雲車風馬，繽旐蕩，宴棲遲。畢觴流胙，柴煙竣事，棠梨迴謁，宣室受蕃釐。盛德無心專饗，端爲民祈。雲恩有截，雨澤霈無涯。君王愉樂，龢氣溢璐巵。壽天齊，長擁神基。

奉禋歌　葭飛璇籥孕初陽，雲絕淸臺薦景祥。風應律，日重光。歲功順，底金穰。壽而康，庭壼樂無疆。皇展報，新禮樂，觚陛詠賓鄉，珠幄焆黃。登瑞鑠，陳俎豆，濟嘉觴。袞衣煇煥，寶珮琳琅，奠椒漿。慶陰陰，神來下，鳳翥龍驤。靈燕喜，錫符仍降嘏，鏞管琳琅懽亮。神之出，祓蘭堂。輦路天香，輕煙半襲旃常，祉滂洋。受釐宣室，返馭齋房，恩與風翔。華封祝，皇來有慶，八荒同壽，寶歷無疆。

降僊臺　星芒收采，雲容放曉，羲馭漸揚明。觚壇竣事霽，風襲袞衣輕，鑾路塵淸。甘泉鹵簿祲威肅，回軫旋衡。千官導從粲簪纓，鈞奏間韶、英。瞻龍闕，近鳳城。都人雲會，芬苐夾道懽迎。宸極尊榮，巵玉慶熙成，瓊樓天上起和聲。布春澤，洪暢寰瀛。嵩呼萬歲釐三抃，頌昇平。

明堂大禮四首

合宮歌　聖明朝，曠典乘秋舉，大饗本仁祖。九室八牖四戶，敕躬齊戒格堪輿。盛牲實俎，並侑總稽古。玉露乍肅天宇，冰輪下照金鋪。燎煙噓，鬱尊香，雲門舞。髣髴翔坐，靈心咸嘉娛。衆星俞，美光屬，照焆珠。清曉御丹鳳，湛恩徧浹率溥，歡聲雷動嶽鎭呼。徐命法駕，萬騎花盈路。萬姓齊祝，壽同天地，事超唐、虞。看平燕雲，從此興文偃武，待重會諸侯舊東都。

六州　商秋肅，嘉會協中辛。涓路寢，修禋祀，聖德昭淸。端志慮，罄竭齋精。錦繡排天仗，羽衞繽紛。朝太室，返中宸，被袞接神明。時平天地俱淸晏，兼金行萬寶，物盛藹淸馨。瞻熉座，春容娭燕三靈。奠璐爵，薦量幣，淸思窈冥冥。望崑崙，輸嘉祥，塞絪縕。誠殫禮洽慶休成，潤澤被生民。端門肆眚，昕庭稱賀，俱將戩穀萬壽祝明君。

十二時　炎圖巩，天祚昌期，聖德茂重離。英明經遠，濬哲昭微。寶儉更深慈，觀萬國累洽重熙。對時報禮秩神祇，玉帛湊華夷。肅雍顯相，百辟盡欽祗。奄嘉虞，英璧奠華滋。神安坐，景氣澄虛極，光燄燭長麗。展詩應律，萬舞逶遲，三獻洽皇儀。垂靈祲，慶祐來宜，禮無違。鳴鑾臨帝闕，飛鳳下天倪。淸和寰宇，霈澤一朝馳。醇化無爲，萬祀巩丕基。

導引　合宮親饗，青女肅長空，精意與天通。后皇臨顧誰爲侑？文祖曁神功。函蒙祉福歲常豐，聲教被華戎。兩宮眉壽同榮樂，戩穀永來崇。

乾道發太上皇帝、太上皇后册寶導引一首

重華眞主，晨夕奉庭闈，禋祀慶成時。乾元坤載同歸美，寶册兩光輝。斑衣何似赭黃衣，此事古今稀。都人歡樂嵩呼震，聖壽總天齊。

淳熙發太上皇帝、太上皇后册寶導引一首

新陽初應，樂事起彤庭，和氣滿吳京。帝家來慶東皇壽，西母共長生。金書玉篆粲龍文，前導沸懽聲。修齡無極名無盡，一歲一回增。

加上太上皇帝、太上皇后册寶導引一首

皇家多慶，親壽與天長，德業播輝光。焜煌寶册來淸禁，玉篆映金相。庭闈尊奉會明昌，佳氣溢康莊。洪禧申輯名增衍，億載頌無疆。

恭上壽聖皇太后、至尊壽皇聖帝、壽成皇后尊號册寶導引一首

皇家盛事，三殿慶重重，聖主極推崇。瑤編寶列相輝映，歸美意何窮。鈞韶九奏度春風，彩仗煥儀容。懽聲和氣彌寰宇，皇壽與天同。

加上壽聖皇太后尊號册寶導引一首

重親萬壽，八帙衍新元，禮典備文孫。溫溫和氣迎長日，寶册煥瑤琨。徽音顯號自堯門，德行已該存。更期昌算齊箕翼，愈久愈崇尊。

嘉泰二年加上壽成太皇太后册寶導引一首

思齊文母，盛德比姜、任，擁佑極恩深。湯孫歸美熙鴻號，鏤玉更繩金。虞廷萬辟

萃華簪，法仗儼天臨。層闈慶典年年舉，千古播徽音。

親耕籍田四首

導引　春融日暖，四野瑞煙浮，柳苑更柔柔。土膏脈起條風扇，宿雪潤田疇。金根轂轉如雷動，羽衞擁貔貅。扶攜老稚康衢滿，延跂望凝旒。斗移星轉，一氣又環周，六府要時修。務農重穀人胥勸，耕籍禮殊尤。壇壝嶽峙文明地，黛耜駕青牛。雍容南畝三推了，玉趾更遲留。

六州　昭聖武，不戰屈人兵。干戈戢，烽燧息，海宇清寧。民豐業，歌詠昇平。願咸歸畎畝，力穡爲甿。經界正，東作西成。農務軫皇情，躬親耒耜，相勸深耕。人心感悅，擊壤沸歡聲。乘鸞輅，羽旗絲仗鮮明。傳清蹕，行黃道，緹騎出重城。仰瞻日表映朱紘，環佩更鏘鳴。百執公卿，不辭染屨意專精，準擬奉粢盛。田多稼，風行遐邇，家家給足，胥慶三登。

十二時　臨寰宇，恭己嚴廊，屬意在耕桑。愛民利物，德邁陶唐，躋俗盡淳厖。開千畝，帝籍神倉。舉彝章，祗祓壇場，爲農事祈祥。涓辰行禮，節物值春陽。馨齊莊，明德薦馨香。宮禁邃，嬪妃幷御侍，穜稑獻君王。中闈表率，陰教逾光。帳殿靄煇黃，梐枑設，翠幕高張，慶雲翔。罇罍陳酒醴，金石奏宮商。神靈感格，歲歲富倉箱。慶明昌，行旅不齎糧。

奉禋歌　吾皇端立太平基，奉祀肅雍格神祇。撫御耦，降嘉種，何辭手攬洪縻。命太史視日，祇告前期。驗穹象，天田入望更光輝。掌禮陳儀，蒐鉅典，迎春令，頒宣溫詔，遍九圍，人盡熙熙。仰明時，儼垂衣，佳氣氤氳表庬禧。豐年屢，大田生異粟，含滋吐秀，九種傳圖，盡來丹闕，瑞應昌時。亨運正當攝提，佇見詠京坻。躬稼穡，重耘耔。盛禮興行先百姓，崇本業，憂勤如禹、稷，播在聲詩。

顯仁皇后上僊發引三首

導引　長樂晚，綵戲萊衣，奄忽夢報僊期。帝鄉渺渺乘鸞去，啼紅嬪御不勝悲，蒼梧煙水杳難追。腸斷處，過江時。銀濤千萬疊，不知何處是瑤池。

六州　中興運，孝治格昇平。迴颷馭，弭鳳駕，册寶初上鴻名。龍樓問寢候雞鳴，更黻來戲綵衣輕。坤躔夜照老人星，金觴上壽，長願燕慈寧。乘雲何處去！愁斷紫簫聲。追思金殿，椒壁丹楹。又誰知勤儉仁明，風行化被宮庭。佑聖主，底明時，陰功暗及生靈。離宮晚，花卉娉婷。甲觀高，潮海崢嶸。往事回頭，忽飄零。空留嬪御，掩泣望霓旌。會稽山翠，永祐陵高，而今便是蓬、瀛。

十二時　炎圖景運正延鴻，文思坐深宮。慈寧大養，樂事時奏宸聰。皇齡永，恩霈下遍寰中。君王垂綵服〔二〕，嬪御上瑤鍾。年年誕節，就盈吉月，交慶流虹。懽洽意方濃，不覺僊遊渺邈，但號泣蒼穹。追慕念音容，詩書慈儉，配古追蹤。躬行四德，誰知繼二南風。移眄俄空，寶鑑脂澤塵封。淸都遠，帝鄉遙，杳難通。想雲輧還上瀛、蓬。稽山何在？當年禹宅，萬古蔥蔥。最難堪，潮頭定，海波融。

顯仁皇后神主祔太廟導引一首

返虞長樂，猶是憶賓天，何事駕仙輧。簫笳儀衞辭宮闕，移仗入雲煙。於皇淸廟儆華筵，昭穆謹承先。千秋長奉烝嘗孝，永享中興年。

欽宗皇帝導引一首

鼎湖龍遠，九祭畢嘉觴，遙望白雲鄉。簫笳淒咽離天闕，千仗儼成行。聖神昭穆盛重光，寶室萬年藏。皇心追慕思無極，孝饗奉烝嘗。

安穆皇后導引一首

鳳簫聲斷，縹緲遡丹丘，猶是憶河洲。熒煌寶册來天上，何處訪僊遊！蔥蔥鬱鬱瑞光浮，嘉酌侑芳羞。珊輿繡幰歸新廟，百世與千秋。

徽宗皇帝導引

景靈宮奉安神御三首

中興復古，孝治日昭鴻，原廟飾瓌宮。金璧千門礌萬碣，楹桷競穹崇。亭童芝蓋擁旌龍〔三〕，列聖儼相從。共錫神孫千萬壽，龜鼎亘衡、嵩。

顯仁皇后導引　坤儀厚載，遺德滿寰中，歸御廣寒宮。玉容如在颷輿遠，長樂起悲風。霓旌絳節下層空，雲闕曉曈曨。眞游千載安原廟，聖孝與天通。

欽宗皇帝導引　深仁厚德，流澤自無窮，仙馭倏賓空。衣冠未返蒼梧遠，遙望鼎湖龍。人間髣髴認天容〔三〕，縹緲五雲中。帝城猶有遺民在，垂淚向西風。

安恭皇后上僊發引一首

金殿晚，愁結坤寧。天下母，忽僊昇。雲山浩浩歸何處？但聞空際綵鸞聲。紫簫斷後無蹤跡，煙靄夜澄澄。曉夢到瑤城，當時花木正冥冥。

高宗梓宮發引三首

導引　寒日短，草露朝晞。僊鶴下，蓼雲歸。大椿亭畔蒼蒼柳，悵無由挽住天衣。昭陽深，暝鴉飛。愁帶箭，戀恩栖。笳簫三疊奏，都人悲淚袂成帷。

六州　堯傳舜，盛事千古難幷。回龍馭，辭鳳掖，北內別有蓬、瀛。爲天子父，册鴻名，萬年千歲福康寧，春秋不說楚冥靈。萊衣綵戲，漢殿玉巵輕。宸游今不見，煙外落霞明。前回丁未，霧塞神京。正同符光武中興，擎天獨力扶傾。定宗廟，保河山，乾坤整頓庚庚。功成了，脫屣遺榮。訪崆峒，容與丹庭。笑挹塵寰，不留行。吾皇哀戀，淚血灑神旌。腸斷濤江渡，明日稽山，暮雲東望元陵。

十二時　璧門雙闕轉蒼龍，德壽儼祇宮。軒屏正坐，天子親拜天公。儀紳笏，羅鵷鷺，粲庭中。僊家歡不盡，人世壽無窮。誰知雲路，玉京成就，催返璇穹，轉手萬緣空。見說煙霄好處，不與下方同。塵合霧迷濛，笙簫寥亮，樓閣玲瓏。中興大業，巍巍稽古成功。事去孤鴻，忍聽宵柝晨鍾！靈轝駕，素幃低，杳厖茸。浙江潮，萬神護，川后滋恭。因山祇事，崔嵬禹穴，此日重逢。柏城封，愁長夜，起悲風。歌淸廟，千古誦高宗。

虞主赴德壽宮導引一首

上皇天大，華旦煥堯文，鴻福浩無垠。羽龍俄駕靈輴去，空鎖鼎湖雲。稽山翠擁浙江濆，歸斾捲繽紛。僊游指日嚴升祔，萬載頌高勳。

祔廟導引一首

虞觴奉主，僊馭返皇宮，禮典極欽崇。雲旗前導開淸廟，龍管咽薫風。巍巍堯父告神功，追慕孝誠通。千秋萬歲中興統，宗祀與天同。

淳熙十六年高宗神御奉安導引一首

中興揖遜，功德仰兼隆，仁澤被華戎。鼎湖俄痛遺弓墮，如日想威容。柔儀懿範與堯同，飈馭儼相從。靈宮眞館偕來燕，垂裕永無窮。

紹熙五年孝宗皇帝虞主還宮導引一首

孝宗純孝，前聖更何加！高蹈處重華。丹成僊去龍輴遠，越岸暮山遐。波臣先爲捲寒沙，來往護靈槎。九虞禮舉神祇樂，萬世佑皇家。

祔廟導引一首

吾皇盡孝，宗廟務崇尊，鉅典備彌文。巍巍東向開基主，七世祔神孫。追思九閏整乾坤，寰宇慕洪恩。從今密邇高宗室，千載事如存。

慶元六年光宗皇帝發引一首

笳鼓發，雲慘寒空。丹旐去，捲悲風。憂勤六載親幾務，有巍巍聖德仁功。褰裳尊處大安宮，荆鼎就，遽遺弓。僊游攀不及，臣民號慟訴蒼穹。

神御奉安導引一首

龜書畀姒，曆數在皇躬，揖遜仰高風。鼎湖龍去遺弓墮，冠劍鎖深宮。塗山齊德翊成功，僊魄早賓空。珍臺閒館棲神地，獻饗永無窮。

寧宗皇帝發引三首

三弄曉，雲黯天低。攀六引，轉悲悽。儉慈孝哲鍾天性，深仁厚澤徧羣黎。東西南北徯商霓。功甫就，別宸闈。臣民千古恨，幾時羽衞帶潮歸！

導引

六州　明天子，昔日丕纂鴻圖。躬道德，崇學問，稽古訓，訪羣儒。日親廣廈論唐、虞，講求政治想都俞，君臣一德志交孚。外夷效順，猶自選車徒。仁恩霑四國，固結滿寰區。千年宗社，萬歲規摹。重新天命出乾符，老癃策杖相扶，願觀德化徧方隅。幸無死須臾，謂宜聖壽等嵩呼。遽登雲輿上龍湖，宸居幽寂紫雲孤。宸章寶畫，但與日星俱。龍帷鳳翣已載塗，忍聽笳鼓嗟吁！

十二時　弋綈革舄最仁賢，儉德自躬全。憂勤庶政，三十餘年。金風肅，秋漸老，攝調愆。忱恂徧羣祀，號泣訴旻天。綴衣將出，神凝玉几，一夜登僊，弓墮隔蒼煙。七月有來同軌，引紼動靈輇。悽愴淚潸然，行號巷哭，薤露聲傳。東城去路，驚濤忍見江船！憔悴山川，不禁簫鼓咽。山陰處，茂林修竹芊芊。望陵宮，應弗遠，金粟堆前。人徒慕戀，百神警侍，盤翥驅先。戴鴻恩，空痛慕，淚珠連。千秋歲，功德寄華編。

神主祔廟導引一首

中興四葉，休德繼昭清，王度日熙平。氣調玉燭金穰應，八表頌聲騰。中原圖籍入宸廷，列聖慰眞靈。袞龍登廟游仙闕，億萬載尊承。

寶慶三年奉上寧宗徽號導引一首

中興五葉，天子肇明禋，一德格高旻。寧皇至聖功超古，萬國慕深仁。徽稱顯號又還新，功德粲雖珉。乾坤繪畫終難盡，遺澤在斯民。

莊文太子虆導引一首

秋月冷，秋鶴無聲。清禁曉，動皇情。玉笙忽斷今何在？不知誰報玉樓成。七星授轡驂鸞種，人不見，恨難平。何以返霓旌？一天風露苦淒淸。

景獻太子虆導引一首

霜月苦，宮鼓鼕鼕。霓旐啓，鶴闈空。洞簫聲斷知何處，海山依約五雲東。玉符龍節參神閟，昭聖眷，慘天容。千古恨無窮，徧山松柏撼悲風。

校勘記

〔一〕君王垂綵服　「垂」原作「乘」，據宋會要樂八之二三改。

〔二〕亭童芝蓋擁旌龍　宋會要樂八之二四作「亭童芝蓋擁班龍」。

〔三〕人間髣髴認天容　「認」原作「詔」。據宋會要樂八之二四改；會要「人」誤「雲」。

宋史卷一百四十二

志第九十五

樂十七

詩樂　琴律　燕樂　教坊　雲韶部　鈞容直　四夷樂

詩樂

虞庭言樂，以詩爲本。孔門禮樂之敎，自興於詩始。記曰：「十有三年學樂、誦詩。」詠歌以養其性情，舞蹈以養其血脈，此古之成材所以爲易也。宋朝湖學之興，老師宿儒痛正音之寂寥，嘗擇取二南、小雅數十篇，寓之塤籥，使學者朝夕詠歌。自爾聲詩之學，爲儒者稍知所尙。張載嘗慨然思欲講明，作之朝廷，被諸郊廟矣。朱熹述爲詩篇，彙于學禮，將使後之學者學焉。

小雅歌凡六篇：

朱熹曰：「傳曰：『大學始教，宵雅肄三。』謂習小雅鹿鳴、四牡、皇皇者華之三詩也。此皆君臣宴勞之詩，始學者習之，所以取其上下相和厚也。古鄉飲酒及燕禮皆歌此三詩。及笙入，六笙間歌魚麗、南有嘉魚、南山有臺。六笙詩本無辭，其遺聲亦不復傳矣。小雅爲諸侯之樂，大雅、頌爲天子之樂。」

二南國風歌凡六篇：

朱熹曰：「『周南、召南，正始之道，王化之基。』『故用之鄉人焉，用之邦國焉。』鄉飲酒及鄉射禮：『合樂，周南：關雎、葛覃、卷耳；召南：鵲巢、采蘩、采蘋。』燕禮云：『遂歌鄉樂。』卽此六篇也。合樂，謂歌舞與衆聲皆作。周南、召南，古房中之樂歌也。關雎言后妃之志，鵲巢言國君夫人之德，采蘩言夫人之不失職，采蘋言卿大夫妻能循法度。夫婦之道，生民之本，王化之端，此六篇者，其敎之原也。故國君與其臣下及四方之賓燕，用之合樂也。」

小雅詩譜：鹿鳴、四牡、皇皇者華、魚麗、南有嘉魚、南山有臺皆用黃鐘淸宮。俗呼爲正宮調。

二南國風詩譜：關雎、葛覃、卷耳、鵲巢、采蘩、采蘋皆用無射淸商。俗呼爲越調。

朱熹曰：「大戴禮言：雅二十六篇，其八可歌，其八廢不可歌，本文頗有闕誤。漢末杜夔傳舊雅樂四曲：一曰鹿鳴，二曰騶虞，三曰伐檀，又加文王詩，皆古聲辭。其後，新辭作而舊曲遂廢。唐開元鄉飲酒禮，乃有此十二篇之目，而其聲亦莫得聞。此譜，相傳即開元遺聲也。古聲亡滅已久，不知當時工師何所考而爲此。竊疑古樂有唱、有歎。唱者，發歌句也；和者，繼其聲也。詩詞之外，應更有疊字、散聲，以歎發其趣。故漢、晉間舊曲既失其傳，則其詞雖存，而世莫能補。如此譜直以一聲協一字，則古詩篇篇可歌。又其以清聲爲調，似亦非古法。然古聲既不可考，姑存此以見聲歌之彷彿，俟知樂者考焉。」

琴律　賾天地之和者莫如樂，暢樂之趣者莫如琴。八音以絲爲君，絲以琴爲君。衆器之中，琴德最優。白虎通曰：「琴者，禁止於邪，以正人心也。」宜衆樂皆爲琴之臣妾。然八音之中，金、石、竹、匏、土、木六者，皆有一定之聲；革爲燥濕所薄，絲有絃柱緩急不齊，故二者其聲難定。鼓無當於五聲，此不復論。惟絲聲備五聲，而其變無窮。五絃作於虞舜，七絃作於周文、武，此琴制之古者也。厥後增損不一。至宋始製二絃之琴，以象天地，謂之兩儀琴，每絃各六柱。又爲十二絃以象十二律，其倍應之聲靡不畢備。太宗因大樂雅琴加爲九絃，按曲轉入大樂十二律，淸濁互相合應。大晟樂府嘗罷一、三、七、九，惟存五絃，謂其得五音之正，最優於諸琴也。今復俱用。太常琴制，其長三尺六寸，三百六十分，象周天之度也。

姜夔樂議分琴爲三準：自一暉至四暉謂之上準，四寸半，以象黃鍾之半律；自四暉至七暉謂之中準，中準九寸，以象黃鍾之正律；自七暉至龍齦謂之下準，下準一尺八寸，以象黃鍾之倍律。三準各具十二律聲，按絃附木而取。然須轉絃合本律所用之字，若不轉絃，則誤觸散聲，落別律矣。每一絃各具三十六聲，皆自然也。分五、七、九絃琴，各述轉絃合調圖：

五絃琴圖說曰：「琴爲古樂，所用者皆宮、商、角、徵、羽正音，故以五絃散聲配之。其二變之聲，惟用古清商，謂之側弄，不入雅樂。」

七絃琴圖說曰：「七絃散而扣之，則間一絃於第十暉取應聲。假如宮調，五絃十暉應七絃散聲，四絃十暉應六絃散聲，二絃十暉應四絃散聲，大絃十暉應三絃散聲，惟三絃獨退一暉，於十一暉應五絃散聲，古今無知之者。竊謂黃鍾、大呂並用慢角調，故於大絃十一暉應三絃散聲；太簇、夾鍾並用清商調，故於二絃十一暉應四絃散聲；姑洗、仲呂、甤賓並用宮調，故於三絃十一暉應五絃散聲；林鍾、夷則並用慢宮調，故於四絃十一暉應六絃散聲；南呂、無射、應鍾並用甤賓調，故於五絃十一暉應七絃散聲。以律長短配絃大小，各有其序。」

九絃琴圖說曰：「絃有七、有九，實卽五絃。七絃倍其二，九絃倍其四，所用者五音，亦不以二變爲散聲也。或欲以七絃配五音二變，以餘兩絃爲倍，若七絃分配七音，則是今之十四絃也。聲律訣云：『琴瑟龥四者，律法上下相生也。』若加二變，則於律法不諧矣。或曰：『如此則琴無二變之聲乎？』曰：『附木取之，二變之聲固在也。』合五、七、九絃琴，總述取應聲法，分十二律十二均，每聲取絃暉之應，皆以次列按。」

古者，大琴則有大瑟，中琴則有中瑟，有雅琴、頌琴，則雅瑟、頌瑟實爲之合。夔乃定瑟之制：桐爲背，梓爲腹，長九尺九寸，首尾各九寸，隱間八尺一寸，廣尺有八寸，岳崇寸有八分。中施九梁，皆象黃鍾之數。梁下相連，使其聲沖融；首尾之下爲兩穴，使其聲條達，是傳所謂「大瑟達越」也。四隅刻雲以緣其武，象其出於雲和。漆其壁與首、尾、腹，取椅、桐、梓漆之。全設二十五絃，絃一柱，崇二寸七分。別以五色，五五相次，蒼爲上，朱次之，黃次之，素與黔又次之，使肄習者便於擇絃。絃八十一絲而朱之，是謂朱絃。其尺則用漢尺。凡瑟絃具五聲，五聲爲均，凡五均，其二變之聲，則柱後抑角、羽而取之，五均凡三十五聲。十二律、六十均、四百二十聲，瑟之能事畢矣。夔於琴、瑟之議，其詳如此。

朱熹嘗與學者共講琴法：

其定律之法：十二律並用太史公九分寸法爲準，損益相生，分十二律及五聲，位置各定。按古人以吹管聲傳於琴上，如吹管起黃鍾，則以琴之黃鍾聲合之；聲合無差，然後以次偏合諸聲，則五聲皆正。唐人紀琴，先以管色合字定宮絃，乃以宮絃下生徵，徵上生商，上下相生，終於少商。下生者隔二絃、上生者隔一絃取之。凡絲聲皆當如此。今人苟簡，不復以管定聲，其高下出於臨時，非古法也。

調絃之法：散聲隔四而得二聲；中暉亦如之而得四聲；八暉隔三而得六聲；九暉按上者隔三而得四聲，按下者隔一而得五聲；十暉按上者隔一而得五聲，按下者隔二而得四聲〔一〕。每疑七絃隔一調之，六絃皆應於第十暉，而第三絃獨於第十一暉調之乃應。及思而得之，七絃散聲爲五聲之正，而大絃十二律之位，又衆絃散聲之所取正也。故逐絃之五聲皆自東而西，相爲次第。其六絃會於十暉，則一與三者，角與散角應也；二與四者，徵與散徵應也；四與六者，宮與散少宮應也；五與七者，商與散少商應也；其第三、第五絃會於十一暉，則羽與散羽應也。義各有當，初不相須，故不同會於一暉也。

旋宮諸調之法：旋宮古有「隨月用律」之說，今乃謂不必轉軫促絃，但依旋宮之法而抑按之，恐難如此泛論。當每宮指定，各以何聲取何絃爲唱，各以何絃取何律爲均，乃見詳實。又以禮運正義推之，則每律各爲一宮，每宮各有五調，而其每調用律取聲，亦各有法。此爲琴之綱領，而說者罕及，乃闕典也。當爲一圖，以宮統調，以調統聲，令其次第、賓主各有條理。仍先作三圖：一、各具琴之形體、暉絃、尺寸、散聲之位；二、附按聲聲律之位；三、附泛聲聲律之位，列于宮調圖前，則覽者曉然，可爲萬世法矣。觀熹之言，其於琴法本融末粲，至疏達而至縝密，蓋所謂識其大者歟！

燕樂

古者，燕樂自周以來用之。唐貞觀增隋九部爲十部，以張文收所製歌名燕樂，而被之管絃。厥後至坐部伎〔三〕琵琶曲，盛流于時，匪直漢氏上林樂府、縵樂不應經法而已。宋初置教坊，得江南樂，已汰其坐部不用。自後因舊曲創新聲，轉加流麗。政和間，詔以大晟雅樂施於燕饗，御殿按試，補徵、角二調，播之教坊，頒之天下。然當時樂府奏言：樂之諸宮調多不正，皆俚俗所傳。及命劉昺輯燕樂新書，亦惟以八十四調爲宗，非復雅音，而曲燕昵狎，至有援「君臣相說之樂」以藉口者。末俗漸靡之弊，愈不容言矣。紹興中，始蠲省教坊樂，凡燕禮，屛坐伎。乾道繼志述事，間用雜攢以充教坊之號，取具臨時，而廷紳祝頌，務在嚴恭，亦明以更不用女樂，頒旨子孫守之，以爲家法。於是中興燕樂，比前代猶簡，而有關乎君德者良多。

蔡元定嘗爲燕樂一書，證俗失以存古義，今采其略附于下：

黃鍾用「合」字，大呂、太簇用「四」字，夾鍾、姑洗用「一」字，夷則、南呂用「工」字，無射、應鍾用「凡」字，各以上、下分爲清濁。其中呂、蕤賓、林鍾不可以上、下分，中呂用「上」字，蕤賓用「勾」字，林鍾用「尺」字。其黃鍾清用「六」字，大呂、太簇、夾鍾清各用「五」字，而以下、上、緊別之。緊「五」者，夾鍾清聲，俗樂以爲宮。此其取律寸、律數、用字紀聲之略也。

一宮、二商、三角、四變爲宮，五徵、六羽、七閏爲角。五聲之號與雅樂同，惟變徵以於十二律中陰陽易位，故謂之變；變宮以七聲所不及，取閏餘之義，故謂之閏。四變居宮聲之對，故爲宮。俗樂以閏爲正聲，以閏加變，故閏爲角而實非正角。此其七聲高下之略也。

聲由陽來，陽生於子、終於午。燕樂以夾鍾收四聲：曰宮、曰商、曰羽、曰閏。閏爲角，其正角聲、變聲、徵聲皆不收，而獨用夾鍾爲律本。此其夾鍾收四聲之略也。

宮聲七調：曰正宮、曰高宮、曰中呂宮、曰道宮、曰南呂宮、曰僊呂宮、曰黃鍾宮，皆生於黃鍾。商聲七調：曰大食調、曰高大食調、曰雙調、曰小食調、曰歇指調、曰商調、曰越調，皆生於太簇。羽聲七調：曰般涉調、曰高般涉調、曰中呂調、曰正平調、曰南呂調、曰僊呂調、曰黄鍾調，皆生於南呂。角聲七調：曰大食角、曰高大食角、曰雙角、曰小食角、曰歇指角、曰商角、曰越角，皆生於應鍾。此其四聲二十八調之略也。

竊考元定言燕樂大要，其律本出夾鍾，以十二律兼四清爲十六聲，而夾鍾爲最清，此所謂靡靡之聲也。觀其律本，則其樂可知。變宮、變徵既非正聲，而以變徵爲宮，以變宮爲角，反紊亂正聲。若此夾鍾宮謂之中呂宮、林鍾宮謂之南呂宮者，燕樂聲高，實以夾鍾爲黄鍾也。所收二十八調，本萬寶常所謂非治世之音，俗又於七角調各加一聲，流蕩忘反，而祖調亦不復存矣。聲之感人，如風偃草，宜風俗之日衰也！夫姦聲亂色，不留聰明；淫樂慝禮，不接心術。使心知百體，皆由順正以行其義，此正古君子所以爲治天下之本也。紹興、乾道教坊迄弛不復置云。

教坊　自唐武德以來，置署在禁門內。開元後，其人寖多，凡祭祀、大朝會則用太常雅樂，歲時宴享則用教坊諸部樂。前代有宴樂、淸樂、散樂，本隸太常，後稍歸教坊，有立、坐二部。宋初循舊制，置教坊，凡四部。其後平荆南，得樂工三十二人；平西川，得一百三十九人；平江南，得十六人；平太原，得十九人；餘藩臣所貢者八十三人；又太宗藩邸有七十一人。由是，四方執藝之精者皆在籍中。

每春秋聖節三大宴：其第一、皇帝升坐，宰相進酒，庭中吹觱栗，以衆樂和之；賜羣臣酒，皆就坐，宰相飲，作傾盃樂；百官飲，作三臺。第二、皇帝再舉酒，羣臣立於席後，樂以歌起。第三、皇帝舉酒，如第二之制，以次進食。第四、百戲皆作。第五、皇帝舉酒，如第二之制。第六、樂工致辭，繼以詩一章，謂之「口號」，皆述德美及中外蹈詠之情。初致辭，羣臣皆起，聽辭畢，再拜。第七、合奏大曲。第八、皇帝舉酒，殿上獨彈琵琶。第九、小兒隊舞，亦致辭以述德美。第十、雜劇罷，皇帝起更衣。第十一、皇帝再坐，舉酒，殿上獨吹笙。第十二、蹴踘。第十三、皇帝舉酒，殿上獨彈箏。第十四、女弟子隊舞，亦致辭如小兒隊。第十五、雜劇。第十六、皇帝舉酒，如第二之制。第十七、奏鼓吹曲，或用法曲，或用龜茲。第十八、皇帝舉酒，如第二之制，食罷。第十九、用角觝，宴畢。

其御樓賜酺同大宴。崇德殿宴契丹使，惟無後場雜劇及女弟子舞隊。每上元觀燈，樓前設露臺，臺上奏教坊樂、舞小兒隊。臺南設燈山，燈山前陳百戲，山棚上用散樂、女弟子舞。餘曲宴會、賞花、習射、觀稼，凡游幸但奏樂行酒，惟慶節上壽及將相入辭賜酒，則止奏樂。都知、色長二人攝太官令，升殿對立，逡巡周〔三〕，大宴則酒、唱徧，曲宴宰相雖各舉酒，通用慢曲而舞三臺。

所奏凡十八調、四十大曲〔四〕：一曰正宮調，其曲三，曰梁州、瀛府、齊天樂；二曰中呂宮，其曲二，曰萬年歡、劍器；三曰道調宮，其曲三，曰梁州、薄媚、大聖樂；四曰南呂宮，其曲二，曰瀛府、薄媚；五曰仙呂宮，其曲三，曰梁州、保金枝、延壽樂；六曰黄鍾宮，其曲三，曰梁州、中和樂、劍器；七曰越調，其曲二，曰伊州、石州；八曰大石調，其曲二，曰清平樂、大明樂；九曰雙調，其曲三，曰降聖樂、新水調、採蓮；十曰小石調，其曲二，曰胡渭州、嘉慶樂；十一曰歇指調，其曲三，曰伊州、君臣相遇樂、慶雲樂；十二曰林鍾商，其曲三，曰賀皇恩、泛清波、胡渭州；十三曰中呂調，其曲二，曰綠腰、道人歡；十四曰南呂調，其曲二，曰綠腰、罷金鉦；十五曰仙呂調，其曲二，曰綠腰、綵雲歸；十六曰黄鍾羽，其曲一，曰千春樂；十七曰般涉調，其曲二，曰長壽仙、滿宮春；十八曰正平調，無大曲，小曲無定數。不用者有十調：一曰高宮，二曰高大石，三曰高般涉，四曰越角，五曰大石角〔五〕，六曰高大石角，七曰雙角，八曰小石角，九曰歇指角，十曰林鍾角。樂用琵琶、箜篌、五弦琴、箏、笙、觱栗、笛、方響、羯鼓、杖鼓、拍板。

法曲部，其曲二，一曰道調宮望瀛，二曰小石調獻仙音。樂用琵琶、箜篌、五弦、箏、笙、觱栗、方響、拍板。龜茲部，其曲二，皆雙調，一曰宇宙清，二曰感皇恩。樂用觱栗、笛、羯鼓、腰鼓、揩鼓、雞樓鼓、鼗鼓、拍板。鼓笛部，樂用三色笛、杖鼓、拍板。

隊舞之制，其名各十。小兒隊凡七十二人：一曰柘枝隊，衣五色繡羅寬袍，戴胡帽，繫銀帶；二曰劍器隊，衣五色繡羅襦，裹交脚幞頭，紅羅繡抹額，帶器仗；三曰婆羅門隊，紫羅僧衣，緋掛子，執錫鐶拄杖；四曰醉胡騰隊，衣紅錦襦，繫銀鞊鞢〔六〕，戴氈帽；五曰諢臣萬歲樂隊，衣紫緋綠羅寬衫，諢裹簇花幞頭；六曰兒童感聖樂隊，衣青羅生色衫，繫勒帛，總兩角；七曰玉兔渾脫隊，四色繡羅襦，繫銀帶，冠玉兔冠；八曰異域朝天隊，衣錦襖，繫銀束帶，冠夷冠，執寶盤；九曰兒童解紅隊，衣紫緋繡襦，繫銀帶，冠花砌鳳冠，綬帶；十曰射鵰回鶻隊，衣盤鵰錦襦，繫銀鞊鞢，射鵰盤。

女弟子隊凡一百五十三人：一曰菩薩蠻隊，衣緋生色窄砌衣，冠卷雲冠；二曰感化樂隊，衣青羅生色通衣，背梳髻，繫綬帶；三曰拋毬樂隊，衣四色繡羅寬衫，繫銀帶，奉繡毬；四曰佳人剪牡丹隊，衣紅生色砌衣，戴金冠〔七〕，剪牡丹花；五曰拂霓裳隊，衣紅僊砌衣，碧霞帔，戴仙冠，紅繡抹額；六曰採蓮隊，衣紅羅生色綽子，繫暈裙，戴雲鬟髻，乘綵船，執蓮花；七曰鳳迎樂隊，衣紅僊砌衣，戴雲鬟鳳髻；八曰菩薩獻香花隊，衣生色窄砌衣，戴寶冠，執香花盤；九曰綵雲仙隊，衣黃生色道衣，紫霞帔，冠仙冠，執旌節、鶴扇；十曰打毬樂隊，衣四色窄繡羅襦，繫銀帶，裹順風脚簇花幞頭，執毬杖。大抵若此，而復從宜變易。

百戲有蹴毬、踏蹻、藏擪、雜旋、獅子、弄鎗、鈴瓶、茶盌、氈龊、碎劍、踏索、上竿、筋斗、擎戴、拗腰、透劍門、打彈丸之類。錫慶院宴會，諸王賜食及宰相筵設時賜樂者，第四部充。

建隆中，教坊都知李德昇作長春樂曲；乾德元年，又作萬歲升平樂曲。明年，教坊高班都知郭延美又作紫雲長壽樂鼓吹曲，以奏御焉。太宗洞曉音律，前後親制大小曲及因舊曲創新聲者，總三百九十。凡制大曲十八：

正宮平戎破陣樂，南呂宮平晉普天樂，中呂宮大宋朝歡樂，黃鍾宮宇宙荷皇恩，道調宮垂衣定八方，仙呂宮甘露降龍庭，小石調金枝玉葉春，林鍾商大惠帝恩寬，歇指調大定寰中樂，雙調惠化樂堯風，越調萬國朝天樂，大石調嘉禾生九穗，南呂調〔八〕文興禮樂歡，仙呂調齊天長壽樂，般涉調君臣宴會樂，中呂調一斛夜明珠，黃鍾羽降聖萬年春，平調金觴祝壽春。

曲破二十九：

正宮宴鈞臺，南呂宮七盤樂，仙呂宮王母桃，高宮靜三邊，黃鍾宮採蓮回，中呂宮杏園春、獻玉杯，道調宮折枝花，林鍾商宴朝簪，歇指調九穗禾，高大石調囀春鶯，小石調舞霓裳，越調九霞觴，雙調朝八蠻，大石調清夜遊，林鍾角慶雲見，越角露如珠，小石角龍池柳，高角陽臺雲，歇指角金步搖，大石角念邊功，雙角宴新春，南呂調鳳城春，仙呂調夢鈞天，中呂調採明珠，平調萬年枝，黃鍾羽賀回鸞，般涉調鬱金香，高般涉調會天仙。

琵琶獨彈曲破十五：

鳳鸞商慶成功，應鍾調九曲清，金石角鳳來儀，芙蓉調蘂宮春，蕤賓調連理枝，正仙呂調朝天樂，蘭陵角奉宸歡，孤鴈調賀昌時，大石調寰海清，玉仙商玉芙蓉，林鍾角泛仙槎，無射宮調帝臺春，龍仙羽宴蓬萊，聖德商美時清，仙呂調壽星見。

小曲二百七十：

正宮十：一陽生、玉牕寒、念邊戍、玉如意、瓊樹枝、鷓鴣詞、塞鴻飛、漏丁丁、息鼙鼓、勸流霞。

南呂宮十一：仙盤露、冰盤果、芙蓉園、林下風、風雨調、開月幌、鳳來賓、落梁塵、望陽臺、慶年豐、青騣馬。

中呂宮十三：上林春、春波綠、百樹花、壽無疆、萬年春、擊珊瑚、柳垂絲、醉紅樓、折紅杏、一園花、花下醉、遊春歸、千樹柳。

仙呂宮九：折紅蕖、鵲塡河、紫蘭香、喜堯時、猗蘭殿、步瑤階、千秋樂、百和香、佩珊珊。

黃鍾宮十二：菊花杯、翠幕新、四塞清、滿簾霜、畫屏風、折茱萸、望春雲、苑中鶴、賜征袍、望回戈、稻稼成、泛金英。

高宮九：嘉順成、安邊塞、獵騎還、遊兔園、錦步帳、博山爐、煖寒杯、雲紛紜、待春來。

道調宮九：會夔龍、泛仙杯、披風襟、孔雀扇、百尺樓、金尊滿、奏明庭、拾落花、聲聲好。

越調八：翡翠帷、玉照臺、香旖旎、紅樓夜、朱頂鶴、得賢臣、蘭堂燭、金鏑流。

雙調十六：宴瓊林、汎龍舟、汀洲綠、登高樓、麥隴雉、柳如煙、楊花飛、王澤新、玳瑁簪、玉階曉、喜清和、人歡樂、征戍回、一院香、一片雲、千萬年。

小石調七：滿庭香、七寶冠、玉唾盂、辟塵犀、喜新晴、慶雲飛、太平時。

林鍾商十：採秋蘭、紫絲囊、留征騎、塞鴻度、回鶻朝、汀洲鴈、風入松、蓼花紅、曳珠佩、遵渚鴻。

歇指調九：榆塞清、聽秋風、紫玉簫、碧池魚、鶴盤旋、湛恩新、聽秋蟬、月中歸、千家月。

高大石調九：花下宴、甘雨足、畫秋千、夾竹桃、攀露桃、燕初來、踏青回、抛繡毬、潑火雨。

大石調八：賀元正、待花開、採紅蓮、出谷鶯、遊月宮、望回車、塞雲平、秉燭遊。

小石角〔九〕九：月宮春、折仙枝、春日遲、綺筵春、登春臺、紫桃花、一林紅、喜春雨、泛春池。

雙角九：鳳樓燈、九門開、落梅香、春冰拆、萬年安、催花發、降眞香、迎新春、望蓬島。

高角九：日南至、帝道昌、文風盛、琥珀杯、雪花飛、皂貂裘、征馬嘶、射飛鴈、雪飄飄。

大石角九：紅鑪火、翠雲裘、慶成功、冬夜長、金鸚鵡、玉樓寒、鳳戲雛、一鑪香、雲中鴈。

歇指角九：玉壺冰、卷珠箔、隨風簾、樹青葱、紫桂叢、五色雲、玉樓宴、蘭堂宴、千千歲。

越角九：望明堂、華池露、貯香囊、秋氣清、照秋池、曉風度、靖邊塵、聞新鴈、吟風蟬。

林鍾角九：慶時康、上林果、畫簾垂、水精簟、夏木繁、暑氣清、風中琴、轉輕車、清風來。

仙呂調十五：喜清和、芰荷新、清世歡、玉鉤欄、金步搖、金錯落、燕引雛、草芊芊、步玉砌、整華裾、海山青、旋絮綿、風中帆、青絲騎、喜聞聲。

南呂調七：春景麗、牡丹開、展芳茵、紅桃露、囀林鶯、滿林花、風飛花。

中呂調九：宴嘉賓、會羣仙、集百祥、凭朱欄、香煙細、仙洞開、上馬杯、拂長袂、羽觴飛。

高般涉調九：喜秋成、戲馬臺、汎秋菊、芝殿樂、鸂鶒杯、玉芙蓉、偃干戈、聽秋砧、秋雲飛。

般涉調十：玉樹花、望星斗、金錢花、玉牕深、萬民康、瑤林風、隨陽鴈、倒金罍、鴈來賓、看秋月。

黃鍾羽七：宴鄒枚、雲中樹、燎金鑪、澗底松、嶺頭梅、玉鑪香、瑞雪飛。

平調十：萬國朝、獻春盤、魚上冰、紅梅花、洞中春、春雪飛、翫羅袖、落梅花、夜遊樂、鬥春雞。

因舊曲造新聲者五十八：

正宮、南呂宮、道調宮、越調、南呂調，並傾杯樂、三臺；仙呂宮、高宮、小石調、大石調、高大石調、小石角、雙角、高角、大石角、歇指角、林鍾角、越角〔10〕、高般涉調、黃鍾羽、平調，並傾杯樂；中呂宮傾杯樂〔11〕、劍器、感皇化、三臺；黃鍾宮傾杯樂、朝中措、三臺；雙調傾杯樂、攤破抛毬樂、醉花間、小重山、三臺；林鍾商傾杯樂、洞中仙、望行宮、三臺；歇指調傾杯樂、洞仙歌、三臺；仙呂調傾杯樂、月宮仙、戴仙花、三臺；中呂調傾杯樂、菩薩蠻、瑞鷓鴣、三臺；般涉調傾杯樂、望征人、嘉宴樂、引駕回、拜新月、三臺。

若宇宙賀皇恩、降聖萬年春之類，皆藩邸所作，以述太祖美德，諸曲多祕。而平晉普天樂者，平河東回所製，萬國朝天樂者，又明年所製，每宴享常用之。然帝勤求治道，未嘗自逸，故舉樂有度。雍熙初，教坊使郭守中求外任，止賜束帛。

眞宗不喜鄭聲，而或爲雜詞，未嘗宣布于外。太平興國中，伶官蔚茂多侍大宴，聞雞唱，殿前都虞候崔翰問之曰：「此可被管弦乎？」茂多卽法其聲，製曲曰雞叫子。又民間作新聲者甚衆，而教坊不用也。太宗所製曲，乾興以來通用之，凡新奏十七調，總四十八曲〔三〕：黃鍾、道調、仙呂、中呂、南呂、正宮、小石、歇指、高平、般涉、大石、中呂、仙呂、雙越調，黃鍾羽。其急慢諸曲幾千數。又法曲、龜茲、鼓笛三部，凡二十有四曲。

仁宗洞曉音律，每禁中度曲，以賜教坊，或命教坊使撰進，凡五十四曲，朝廷多用之。天聖中，帝嘗問輔臣以古今樂之異同，王曾對曰：「古樂祀天地、宗廟、社稷、山川、鬼神，而聽者莫不和悅。今樂則不然，徒虞人耳目而蕩人心志。自昔人君流連荒亡者，莫不繇此。」

帝曰：「朕於聲技固未嘗留意，內外宴遊皆勉強耳。」張知白曰：「陛下盛德，外人豈知之，願備書時政記。」

世號太常爲雅樂，而未嘗施於宴享，豈以正聲爲不美聽哉！夫樂者，樂也，其道雖微妙難知，至於奏之而使人悅豫和平，則不待知音而後能也。今太常樂縣鍾、磬、塤、篪、搏拊之器，與夫舞綴羽、籥、干、戚之制，類皆倣古，逮振作之，則聽者不知爲樂而觀者厭焉，古樂豈眞若此哉！孔子曰「惡鄭聲」，恐其亂雅。亂之云者，似是而非也。孟子亦曰「今樂猶古樂」，而太常乃與敎坊殊絕，何哉？昔李照、胡瑗、阮逸改鑄鍾磬，處士徐復笑之曰：「聖人寓器以聲，不先求其聲而更其器，其可用乎！」照、瑗、逸制作久之，卒無所成。蜀人房庶亦深訂其非是，因著書論古樂與今樂本末不遠，其大略以謂：「上古世質，器與聲朴，後世稍變焉。金石，鍾磬也，後世易之爲方響；絲竹，琴簫也，後世變之爲箏笛。匏，笙也，攢之以斗；塤，土也，變而爲甌；革，麻料也，擊而爲鼓；木，柷敔也，貫之爲板。此八音者，於世甚便，而不達者指廟樂鎛鍾、鎛磬、宮軒爲正聲，而槪謂夷部、鹵部爲淫聲。殊不知大輅起於椎輪，龍艘生於落葉，其變則然也。古者食以俎豆，後世易以杯盂；簟席以爲安，後世更以榻桉。使聖人復生，不能舍杯盂、榻桉，而復俎豆、簟席之質也。八音之器，豈異此哉！

孔子曰『鄭聲淫』者，豈以其器不若古哉！亦疾其聲之變爾。試使知樂者，由今之器，寄古之聲，去惉懘靡曼而歸之中和雅正，則感人心、導和氣，不曰治世之音乎！然則世所謂雅樂者，未必如古，而教坊所奏，豈盡爲淫聲哉！」當數子紛紛銳意改制之後，庶之論指意獨如此，故存其語，以俟知者。

教坊本隸宣徽院，有使、副使、判官、都色長、色長、高班、大小都知。天聖五年，以內侍二人爲鈐轄。嘉祐中，詔樂工每色額止二人，教頭止三人，有闕卽塡。異時或傳詔增置，許有司論奏。使、副歲閱雜劇，把色人分三等，遇三殿應奉人闕，卽以次補。諸部應奉及二十年、年五十已上，許補廟令或鎭將，官制行，以隸太常寺。同天節，寶慈、慶壽宮生辰，皇子、公主生，凡國之慶事，皆進歌樂詞。

熙寧九年，教坊副使花日新言：「樂聲高，歌者難繼。方響部器不中度，絲竹從之。宜去噍殺之急，歸嘽緩之易，請下一律，改造方響，以爲樂準。絲竹悉從其聲，則音律諧協，以導中和之氣。」詔從之。十一月，奏新樂於化成殿，帝諭近臣曰：「樂聲第降一律，已得寬和之節矣。」增賜方響爲架三十，命太常下法駕、鹵部樂一律，如教坊云。初，熙寧二年五月，罷宗室正任以上借教坊樂人，至八年，復之，許教樂。

政和三年五月，詔：「比以大晟樂播之教坊，嘉與天下共之，可以所進樂頒之天下。」八月，尙書省言：「大晟府宴樂已撥歸教坊，所有諸府從來習學之人，元降指揮令就大晟府教習，今當並就教坊習學。」從之。四年正月，禮部奏：「教坊樂，春或用商聲，孟或用季律，甚失四時之序。乞以大晟府十二月所定聲律，令教坊閱習，仍令祕書省撰詞。」

高宗建炎初，省教坊。紹興十四年復置，凡樂工四百六十人，以內侍充鈐轄。紹興末復省。孝宗隆興二年天申節，將用樂上壽，上曰：「一歲之間，只兩宮誕日外，餘無所用，不知作何名色。」大臣皆言：「臨時點集，不必置教坊。」上曰：「善。」乾道後，北使每歲兩至，亦用樂，但呼市人使之，不置教坊，止令修內司先兩旬教習。舊例用樂人三百人，百戲軍百人，百禽鳴二人，小兒隊七十一人，女童隊百三十七人，築毬軍三十二人，起立門行人三十二人，旗鼓四十人，以上並臨安府差。相撲等子二十一人。御前忠佐司差。命罷小兒及女童隊，餘用之。

雲韶部者，黃門樂也。開寶中平嶺表，擇廣州內臣之聰警者，得八十人，令於教坊習樂藝，賜名簫韶部。雍熙初，改曰雲韶，每上元觀燈，上巳、端午觀水嬉，皆命作樂於宮中。遇南至、元正、淸明、春秋分社之節，親王內中宴射，則亦用之。奏大曲十三：一曰中呂宮萬年歡；二曰黃鍾宮中和樂；三曰南呂宮普天獻壽，此曲亦太宗所製；四曰正宮梁州；五曰林鍾商汎清波；六曰雙調大定樂；七曰小石調喜新春；八曰越調胡渭州；九曰大石調清平樂；十曰般涉調長壽仙；十一曰高平調罷金鉦；十二曰中呂調綠腰；十三曰仙呂調綵雲歸。樂用琵琶、箏、笙、觱栗、笛、方響、杖鼓、羯鼓、大鼓、拍板。雜劇用傀儡，後不復補。

鈞容直，亦軍樂也。太平興國三年，詔籍軍中之善樂者，命曰引龍直。每巡省遊幸，則騎導車駕而奏樂；若御樓觀燈、賜酺，則載第一山車。端拱二年，又選捧日、天武、拱聖軍曉暢音律者，增多其數，以中使監視，藩臣以樂工上貢者亦隸之。淳化四年，改名鈞容直，取鈞天之義。初用樂工，同雲韶部。大中祥符五年，因鼓工溫用之請，增龜茲部，如教坊。其奉天書及四宮觀皆用之。有指揮使一人、都知二人、副都知二人、押班三人、應奉文字一人、監領內侍二人。嘉祐元年，係籍三百八十三人。六年，增置四百三十四人，詔以爲額，闕即補之。七年，詔隸班及二十四年、年五十以上者，聽補軍職，隸軍頭司。其樂舊奏十六調，凡三十六大曲，鼓笛二十一曲，并他曲甚衆。嘉祐二年，監領內侍言，鈞容直與教坊樂並奏，聲不諧。詔罷鈞容舊十六調，取教坊十七調肄習之，雖間有損益，然其大曲、曲破并急慢諸曲，與教坊頗同矣。

紹興中，鈞容直舊管四百人，楊存中請復收補，權以舊管之半爲額，尋聞其召募騷擾，降詔止之。及其以應奉有勞，進呈推賞，又申諭止於支賜一次，庶杜其日後希望。紹興三十年，復詔鈞容班可蠲省，令殿司比擬一等班直收頓，內老弱癃疾者放停。教坊所嘗援祖宗舊典，點選入教，雖暫從其請，紹興三十一年有詔，教坊即日蠲罷，各令自便。

東西班樂，亦太平興國中選東西班習樂者，樂器獨用銀字觱栗、小笛、小笙。每騎從車駕而奏樂，或巡方則夜奏於行宮殿庭。

諸軍皆有善樂者，每車駕親祀回，則衣緋綠衣，自青城至朱雀門，列於御道之左右，奏樂迎奉，其聲相屬，聞十數里。或軍宴設亦奏之。

棹刀槍牌翻歌等，不常置。

清衞軍習樂者，令鈞容直教之，內侍主其事，園苑賜會及館待契丹使人。

又有親從親事樂及開封府衙前樂，園苑又分用諸軍樂，諸州皆有衙前樂。

四夷樂者，元豐六年五月，召見米脂砦所降戎樂四十二人，奏樂於崇政殿，以三班借職王恩等六人差監在京閑慢庫務門及舊城門敢勇三十六人，與茶酒新任殿侍。大晟樂書曰：「前此宮架之外，列熊羆案，所奏皆夷樂也，豈容淆雜大樂！乃奏罷之。然古鞮鞻氏掌四夷樂，韎師、旄人各有所掌，以承祭祀，以供宴享。蓋中天下而立，得四海之歡心，使鼓舞焉，先王之所不廢也。漢律曰：『每大朝會宜設於殿門之外。』天子御樓，則宮架之外列於道側，豈可施於廣庭，與大樂並奏哉！」

校勘記

〔一〕隔二而得四聲　「二」原作「一」，據朱文公文集卷六六琴律說、通考卷一三七樂考改。

〔二〕坐部伎　「部伎」二字原倒，據舊唐書卷二九音樂志、通考卷一四六樂考乙轉。

〔三〕送巡周　通考同上卷同篇作「告巡周」；宋會要禮五七之一五、太常因革禮卷八八關於慶節上壽皆作「樂送巡周」；本書卷一一六禮志大朝會儀：「凡行酒訖，並太官令奏巡周。」疑志文有誤。

〔四〕四十大曲　「大」原作「六」，據下文十八調大曲總數和通考同上卷同篇改。

〔五〕大石角　原作「商角」。按商角即新唐書卷二二禮樂志所載二十八調中的林鍾角，此處所載不用的十調別有林鍾角，缺大石角；通考卷一四六樂考載此十調，則有林鍾角、大石角而缺商角，明此「商角」爲「大石角」之誤，據改。

〔六〕繫銀鞊鞢　「鞊」原作「䩞」，據通考卷一四六改。下文同。

〔七〕戴金冠　通考卷一四六樂考作「戴金鳳冠」，疑是。

〔八〕南呂調　原作「南呂宮調」。按上文已有「南呂宮平晉普天樂」；二十八調中無「南呂宮調」，只有「南呂調」，南呂調卽唐二十八調中的高平調，爲羽調之一；此下六調皆羽調，其前六調爲商調，再前六調爲宮調，共十八調。明「南呂宮調」爲「南呂調」之誤。「宮」字衍，故刪。

〔九〕小石角　原作「小石調」。按上文已列舉七宮、七商小曲，其中包括小石調，自此起爲七角小曲，此「小石調」當爲「小石角」之誤，故改。

〔一〇〕越角　原脫，按上文「因舊曲造新聲者五十八」，而所列只二十七調五十七曲，獨缺越角，故補。如此，傾杯樂原爲十四曲者，遂爲十五曲，五十八曲之數乃足。

〔一一〕中呂宮傾杯樂　「宮」字原脫，按下文有「中呂調傾杯樂」，則此必爲「中呂宮傾杯樂」，故補「宮」字。

〔一二〕凡新奏十七調總四十八曲　按下列調名僅十六調，缺一調名，凌廷堪燕樂考原卷六說：「宋史誤脫商調。」又說：「燕樂二十八調，不用七角及宮、商、羽三高調，七羽中又闕一正平調，故止十七調也。」